DIE COCKTAIL-FIBEL

FEATURING: KLASSIKER, PUNSCHE, SIRUPE UND SOURS

DAN JONES

DIE COCKTAIL-FIBEL

FEATURING: KLASSIKER, PUNSCHE, SIRUPE UND SOURS

DAN JONES

Hallwag

INHALT

ANLEITUNG ZUR VERFEINERTEN MIXOLOGIE UND TRINKKULTUR

VORBEMERKUNG

Sie möchten fortan jeden Cocktail perfekt hinbekommen? Die **Cocktail-Fibel** verrät Ihnen, wie man rührt, schüttelt und trinkt. Mit dabei ist alles, was Rang und Namen hat: Klassiker, heiße Tropen-Sensationen und Tiki-Power-Punsche, aromatisierte Elixiere und die perfekte Bloody Mary (Seite 82), moderne Mischungen und Notfalltropfen für die Zeit zwischen Mitternacht und Morgengrauen. Dazu hausgemachte Sirupe und Sours, die größten Retro-Hits und Hexereien mit Pickle Juice. Ein perfekt gemixter Cocktail entspannt, passt zu jeder Stimmung und bringt wahlweise die Dinge ins Lot oder Schwung ins Geschehen. Während ein Brandy Alexander (Seite 117) hinunterrutscht wie geölt, erfordert ein Wasabian (Seite 85) schon etwas Beherztheit. Lust, den Master in Mixologie zu machen? Diese Fibel zeigt, wie Cocktail geht.

Teil eins: DAS SETUP

1. DAS WERKZEUG
2. GLÄSER
3. SHAKE IT, BABY
4. DIE BACKBAR
5. SIRUPE, SOURS UND LAKEN

1

DAS WERKZEUG

Trockeneis, eine Destillierausrüstung, Entsafter ... manche legen sich die komplette Palette zu. Das sind auch die mit dem käseverkrusteten Sandwichtoaster und der Brotbackmaschine, die im Schrank Staub ansetzt. Machen Sie aus Ihrer Hausbar keinen Cocktailfriedhof, fangen Sie lieber einfach an: mit einem Shaker, einem Barlöffel, einem Barsieb und einem Eiskübel. Hier ist die Grundausstattung.

DER SHAKER

Der Shaker ist die Silberbüchse des Mixers: sein wichtigstes Utensil. Nur wenige Cocktails sind ohne Shaker möglich. Das klassische Modell aus Metall besteht aus drei Hauptkomponenten: dem hohen, sich verjüngenden Becher, einem trichterförmigen Aufsatz mit eingebautem Sieb und der passenden kleinen Verschlusskappe, die auch als Barmaß verwendet werden kann. Alles ganz übersichtlich und einfach. Wie bei jedem guten Werkzeug zahlt es sich aus, den Shaker blitzsauber zu halten.

Wer gerade keinen Shaker zur Hand hat, kann sich mit einem sterilisierten bzw. sauber gespülten Glas mit Schraubverschluss behelfen.

DAS RÜHRGLAS

Ein einfaches, breites Glas mit geraden Seiten, auch Boston genannt. Es ist für Cocktails gedacht, die nicht geschüttelt, sondern mit dem Barlöffel gerührt werden müssen. Das Glas kann auch das Volumen des Shakers vergrößern, indem man es umgedreht auf den Becher steckt. Dabei sind die beiden Hälften fixiert, sodass der Hobbymixer den Drink schütteln kann, bis er gekühlt ist. Dann kann man den Inhalt durch ein Barsieb in ein Trinkglas gießen.

Behelfen Sie sich mit einem Bierglas, das auf den Becher des Shakers passt, wenn Sie kein Boston-Rührglas haben.

DAS BARMASS (JIGGER)

Ein weiteres unverzichtbares Tool für die Werkzeugkiste des Bartenders. Dieser Messbecher für Spirituosen ist in vielen Größen erhältlich. Schwere Metalljigger sehen edel aus, aber Kunststoff- und Glasversionen tun es auch.

Kein Jigger in Reichweite? Gießen Sie Ihre Drinks nach Augenmaß ein oder verwenden Sie einen Eierbecher, damit zumindest die Mengenverhältnisse stimmen.

DAS BARSIEB (STRAINER)

Ein Sieb mit Feder. Sieht gut aus und leistet gute Dienste, vor allem, wenn das im Shaker enthaltene Sieb nicht passt. Auf das Glas legen und den Cocktail hindurchgießen oder vor den Shaker-Becher bzw. das Rührglas halten und den Inhalt hindurchgießen. Danach gleich auswaschen.

Der hier abgebildete Hawthorne Strainer wird am häufigsten verwendet und macht viel her. Zur Not kommen Sie aber mit einem Teesieb genauso weit.

DAS FEINE SIEB

Ideal zum Herausfiltern winziger Eisstücke, Zitronenkerne und anderer Überraschungen in den Drinks. Nicht unbedingt notwendig, aber nützlich.

Wenn Sie kein kleines Sieb haben, geht natürlich auch ein größeres, auch wenn die Gefahr zu kleckern damit steigt.

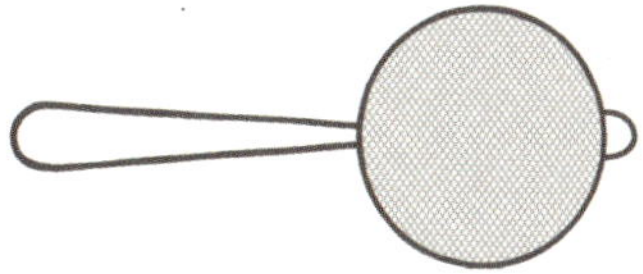

DER MIXER

Für fruchtige Nummern ist er unerlässlich, allerdings kommen die meisten Haushaltsmixer nicht gut mit Eis zurecht, weshalb man sie am besten mit Crushed Ice und nicht mit Eiswürfeln füttert. Geben Sie zuerst die Zutaten und dann das Eis hinein und schalten Sie anfangs auf niedrige Stufe, bevor Sie auf maximale Geschwindigkeit hochdrehen. Abseihen ist unnötig – sobald man eine supercremige Konsistenz hat, gießt man alles in ein Glas und serviert.

Wenn Sie keinen Standmixer haben, tut es auch ein Stabmixer – aber wieder nur Crushed Ice verwenden. Ideal für Single-Cocktails.

DAS KANNELIERMESSER

Ein raffiniertes Stück. Es hat eine V-förmige Aussparung, mit der man Zitrusschalen spiralförmig abschneiden, Melonen schnitzen und noch vieles mehr tun kann.

Anstelle eines Kanneliermessers lässt sich auch ein Schälmesser verwenden.

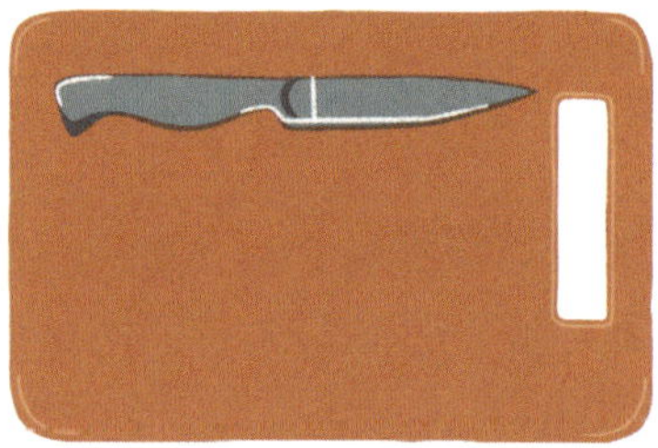

SCHNEIDBRETT MIT MESSER

Einfach, aber unverzichtbar. Das Brett muss blitzsauber, das Messer superscharf sein.

DER EISRING ➔

Ein Eisring ist eine ausgefallene Ingredienz für Punschschüsseln. Er schmilzt langsam und bereichert das Getränk um neue Geschmacksnuancen. Mit seinen eingefrorenen Zitrusspalten, Beeren und Kräutern macht er auch optisch etwas her. Und so bekommt man den Ring hin: die gewünschte Garnierung in einer großen Plastikschüssel auslegen, in die Mitte eine kleinere Schüssel stellen und mit einem Gewicht beschweren. Die größere Schüssel zu einem Drittel oder bis zur Hälfte mit stillem Mineralwasser füllen und alles gefrieren lassen.

DER EISKÜBEL

Die Attraktion Ihrer Hausbar: einfach, zweckmäßig und leicht retro. In einer isolierten Ausführung halten die Eiswürfel länger. Echte Klasse bekommt der Kübel mit Eiswürfelzangen.

Ein Leben ohne Eiskübel ist möglich: Nehmen Sie eine Glasschale, eine Melone (den Hut, nicht die Frucht) oder einen Metalleimer.

DAS SEIHTUCH

Eigentlich etwas für Spezialisten, aber notwendig, wenn Sie zum Aromatisieren etwas in Alkoholika einlegen oder Öle und Fetten dazu verwenden wollen. Nach Gebrauch auskochen oder wegwerfen.

Alle sauberen, feinmaschigen Textilien eignen sich hierfür, etwa Geschirrtücher aus Baumwolle. Am besten aber ist das Seihtuch.

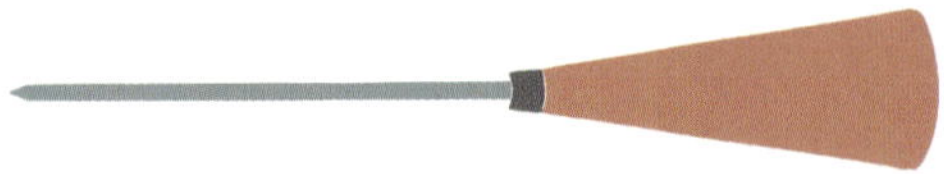

DER EISPICKEL

Sie können Beutel mit Crushed Ice oder Eiswürfel kaufen (immer doppelt oder dreimal so viel, wie Sie zu brauchen glauben) – oder einen selbst eingefrorenen Eisblock mit einem Eispickel traktieren. Dazu Wasser abkochen, abkühlen lassen, in einen ausgespülten Speiseeiscontainer füllen und gefrieren lassen. Den Block dann auf ein Geschirrtuch legen, gut festhalten und mit dem Eispickel loshacken. Drinks wie der Old Fashioned (Seite 41) brauchen große, kantige Stücke.

Ist kein Eispickel zur Hand, nehmen Sie bloß kein Messer. Ohne Pickel geht's nicht.

DER BARSTÖSSEL

Der auch Muddler genannte kurze, meist hölzerne Stößel dient zum Zerstoßen von Obst, Kräutern, Eis und Zucker im Glas. Dabei geben die jeweiligen Ingredienzen ihre natürlichen Öle und Geschmacksstoffe frei.

Auch der Griff eines Nudelholzes kann als Stößel zweckentfremdet werden.

DIE ZITRONENPRESSE

Verwenden Sie immer, immer, immer frisch gepressten Zitronensaft. Keine Kompromisse in dieser Beziehung!

Fehlt Ihnen noch eine Presse in Ihrem Arsenal, drücken Sie die Frucht mit der Hand aus. Dazu die Zitrone fest auf einer harten Oberfläche rollen und dadurch etwas anquetschen, dann halbieren und jede Hälfte so zerdrücken, dass der Saft zwischen den Fingern hindurchläuft – so kann man die Kerne auffangen.

DER COCKTAILRÜHRER

Mehr als nur Dekor: Mit diesen bunten Rührstäbchen können die Gäste ihre Cocktails selbst nach Belieben umrühren. Ideal für Drinks mit vielen Früchten und Garnierungen.

Mit einem Bündel aus Strohhalmen kann man sich behelfen, falls kein Cocktailrührer zur Hand ist.

DER BARLÖFFEL

Der klassische Barlöffel hat einen langen, spiralig gedrehten Stiel, ein flaches Ende und eine tropfenförmige Schale. Er wird zum Umrühren von Drinks und zum Abmessen von Zutaten verwendet.

Ist kein Barlöffel verfügbar, greift man zum Limonaden-, Joghurt- oder Dessertlöffel.

STROHHALME, SCHIRMCHEN, PLASTIKAFFEN

Umwerfende Cocktails zu kreieren heißt, sie überirdisch gut aussehen und schmecken zu lassen, so wie sie sind, also ganz ohne Schirmchen, Plastikaffen, LED-Eiswürfel und Strohhalme, die man auch als Brille aufsetzen kann. Aber ein paar Gimmicks können nicht schaden, oder? Sorgen Sie immer dafür, dass der Strohhalmvorrat in Ihrer Hausbar nicht ausgeht. Rot und weiß gestreifte Papierhalme sind immer ein Hingucker. Und auch der eine oder andere herumturnende Plastikaffe tut niemandem weh.

DER COCKTAILSPIESS

Zum Aufspießen von Kirschen, Zitrusschalen, Obst, Oliven, Zwiebelchen ... sogar Würstchen.

2

GLÄSER

Das Auge isst nicht nur mit, es trinkt auch mit. Servieren Sie Ihre Cocktails nicht in normalen Trink- oder gar Senfgläsern. Der Hobbymixer sollte durchaus stolz sein auf das, was er zuwege bringt, und es in entsprechender Verpackung präsentieren.

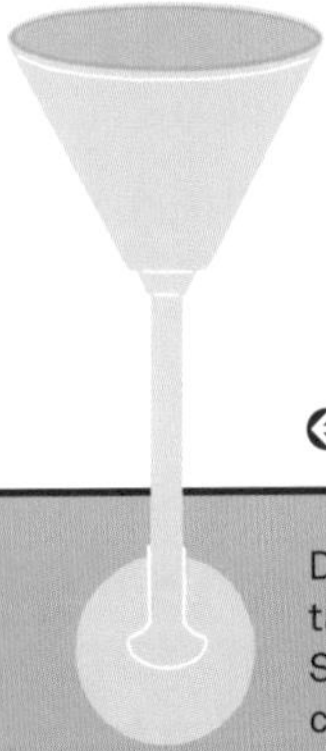

MARTINIGLAS

Das bekannteste Glas der Cocktailkultur. Auf einem schmalen Stiel öffnet sich ein großer, flacher Kelch. Unerklärlicherweise verliert es seine Fähigkeit, voll zu bleiben, im Lauf des Abends.

HIGHBALLGLAS

Ein hohes Becherglas mit massivem, standfestem Boden und einem Fassungsvermögen von 225–350 ml für perfekt gemixte Cocktailköstlichkeiten.

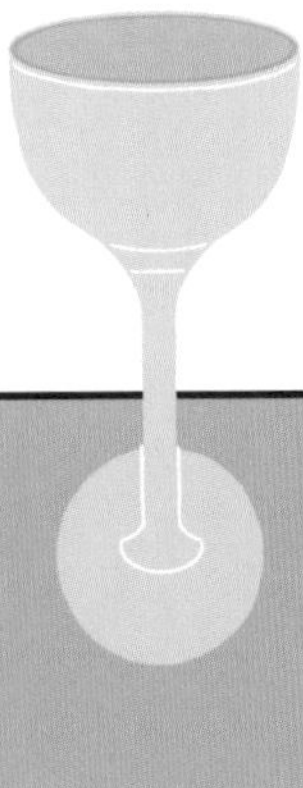

COUPE

Das kurze, trompetenförmige Glas, auch Sektschale genannt, wird besonders für Schaumweine verwendet, ist aber auch eine respektable Alternative zum Martiniglas.

TUMBLER

Aus dem niedrigen Glas mit geraden Seiten trinkt man u. a. Old Fashioned (Seite 41), aber auch Single Shots.

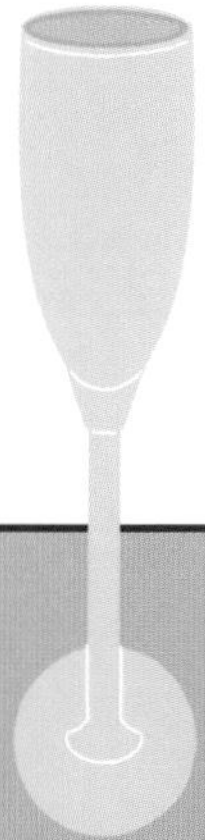

➔ SEKTGLAS

Das auch Champagnerflöte genannte hohe, schmale Glas kommt bei Champagnercocktails (Seite 50), Bellinis und Mimosas zum Einsatz.

➔ SHOTGLAS

Das gute alte Schnapsglas. Kurz und einfach. Eingießen, trinken, auf den Tisch knallen, fertig.

MOSCOW MULE MUG

Für den Moscow Mule (Seite 51) muss es dieser berühmte Kupferbecher sein. Mit Eis gefüllt, beschlägt er dekorativ an der Außenseite.

COGNACSCHWENKER

In dem ballonartigen Glas mit kurzem Stiel werden Cognacs und andere Weinbrände in der Hand gehalten und dadurch angewärmt.

COLLINSGLAS

Eine hohe, schmale, exakt zylindrische Version des Highballglases.

MARGARITAGLAS

Ein Cocktailglas, das oberhalb des Stiels wilde Blüten treibt. Der große Rand eignet sich für eine Salz- oder Zucker-Crusta.

BOSTONGLAS

Der Zwillingsbruder des Bierglases. Gut zum Mixen. Kann auch auf den Shaker gesteckt werden.

TIKI-BECHER

Der Tiki-Becher kam um 1950 in amerikanischen Tiki-Bars zur Welt. Als Erfinder gilt Don the Beachcomber, Gründervater der Tiki-Kultur. Die Becher sind hoch, aus Keramik und haben als Motiv oft ein Gesicht, das an eine Statue auf der Osterinsel erinnert.

MARMELADENGLAS USW.

Es gibt keine ehernen Regeln, wie Drinks zu servieren sind – oder in was man sie zu servieren hat. Nichts ist unmöglich, ob Marmeladenglas, Teetasse, Reagenzglas, Humpen oder Podstakannik.

3

SHAKE IT,
BABY

Sie brennen darauf, Drinks zu schütteln, mit Flaschen zu jonglieren und allerlei Gimmicks wie Wunderkerzen in Brand zu setzen? Falsche Tür – das hier ist kein Junggesellinnenabschied. Vergessen Sie die Tricks und Kapriolen von Bartendern in Touristenzentren. Hier geht es allein darum, klasse Drinks für Sie und Ihre Freunde zu mixen.

RIMMING

Rimming ist das Überziehen des Glasrands mit Salz oder Zucker. Das ist schwieriger, als es sich anhört. Nehmen wir die Margarita: Das Salz sollte nur außen am Glas kleben – und sich auch nur um den halben Rand ziehen. Dazu Meersalz in eine Untertasse streuen, Glasrand mit Limettensaft anfeuchten und vorsichtig im Salz drehen. Rimmen Sie vor dem Mixen und stellen Sie das Glas in den Kühlschrank, bis es zum Einsatz kommt.

RÜHREN

Barlöffel in das Rührglas tauchen und den Inhalt zusammen mit Eis vorsichtig, aber flott umrühren. Wenn der Cocktail so kalt ist, dass die Außenseite des Glases beschlägt, ist er fertig.

ALKOHOL

Alle Cocktails sind alkoholstark – manche mehr, manche weniger. Jeder Drink muss ein perfektes Gleichgewicht an Geschmacksnoten bieten und kann in seiner Alkoholstärke zwar geringfügig variieren, sollte aber nicht betrunken machen (jedenfalls nicht einer allein). Wichtig ist, dass die Anteile exakt abgemessen werden.

AUSSEHEN

Frische Garnituren, blitzsaubere Gläser, Eiswürfel aus gefiltertem Wasser und ein vollendetes Zusammenspiel aus Farben und sichtbaren Texturen sind Pflicht.

Wer Platz im Gefrierschrank hat, legt die Cocktailgläser hinein. Ansonsten füllt man sie zum Kühlen mit Eiswürfeln.

KÜHLEN

AROMA

Ihr Drink sollte nicht nur gut, sondern absolut umwerfend duften. Mit Bitters, frischen Säften und Zitrusschalen voll aromatischer Öle bekommen Sie das hin.

4

DIE BACKBAR

Die Backbar ist das Rückgrat Ihrer Hausbar und sollte mit klassischen Spirituosen, der einen und anderen Spezialität und ein paar Raritäten bestückt sein. Feinste Edelbrände brauchen Sie nicht – ihre subtilen Geschmacksnoten gehen beim Mixen nur verloren. Eine gewisse Qualität muss jedoch sein.

BITTERS

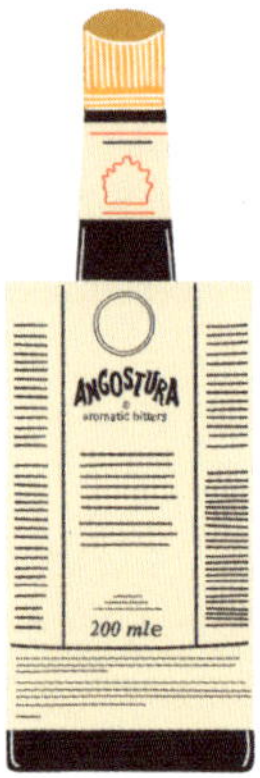

Angosturabitter kam in Venezuela zur Welt, stammt heute aber aus Trinidad. Er sollte in jeder Backbar einen festen Platz haben. Das angebliche Heilmittel gegen Schluckauf besteht aus Kräuterauszügen und Alkohol und ist ausgesprochen aromatisch. Cocktails verleiht er Geschmackstiefe und Komplexität, weiße Spirits färbt er zartrosa. Ein weiterer Hersteller von Bitters und Sirupen sind die Fee Brothers. Ihre in Whiskyfässern gereiften Bitters, darunter solche mit Rhabarber- und Pflaumengeschmack, schmecken delikat.

CAMPARI UND APEROL

Die scharfen, rubinroten Bitters bringen Schwung in Cocktails und bilden die Basis von Americano und Negroni (Seite 45 und 47). Mit Soda und Schaumwein kombiniert, eröffnen sie völlig neue Weltsichten.

GIN

Handwerklich erzeugte Edel-Gins mit einzigartigen Kräutermischungen und Wacholderaroma sind eine lohnende Anschaffung. Einen sauberen, frischen, subtilen Geschmack bieten aber auch Marken wie Bombay Sapphire, Tanqueray, Hendrick's und Plymouth.

CASSIS

Beim Kauf von Crème de Cassis oder Crème de Mûre sollte man nicht sparen. Die dunklen Liköre mit Beerengeschmack kommen in Kir, Kir +Royal und anderen Mixturen zum Einsatz.

VERMOUTH

Den gespriteten, mit Kräuterauszügen aromatisierten Wein gibt es in süßer und trockener Ausführung. Schaffen Sie sich beide an und bewahren Sie die Flaschen nach dem Öffnen im Kühlschrank auf.

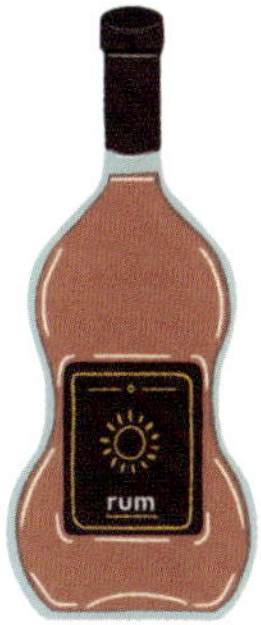

RUM

Billigen Rum tranken die Seeleute einst gegen Skorbut. Sie sollten schon in etwas bessere Versionen wie Zacapa und Brugal Añejo investieren.

TEQUILA

Der Hirnhammer auf Agavenbasis ist ein unverzichtbarer Bestandteil jeder Backbar. Tequila Silver bzw. Blanco ist nicht gereift, darf also höchstens 60 Tage lang in Stahltanks liegen. Tequila Gold ist süß und weich, Tequila Reposado rauchig und in Holzfässern ausgebaut.

BRANDY

VSOP-Cognac und Calvados eignen sich hervorragend für die Backbar. Hochwertigere Weinbrände dagegen sind zu schade zum Mixen.

WHISKY

Ein intensiver, kräftiger Bourbon ist für Cocktails besser als ein gereifter Malt. Empfehlenswerte Anwärter für die Backbar sind der Knob Creek, der Bulleit und – als Vertreter der schottischen Fraktion – der Monkey Shoulder.

WODKA

Stolichnaya, Smirnoff und Absolut sind verlässliche Marken. So richtig etwas her macht der Crystal Head in der Totenschädelflasche.

WEITERE ESSENTIALS

Kaum jemand verwendet noch Cola als Zutat. Griffbereit haben sollten Sie aber Ginger Beer und Ginger Ale, Sprudelwasser, Prosecco, Cava, Sekt oder Champagner, außerdem frisch gepresste Zitrussäfte, Kokoswasser und – immer – eine Wagenladung Eis.

Selten gebraucht, aber nützlich
Cocktailkirschen, Hibiskusblüten in Sirup, Sirupe, Grenadine, Oliven, Pickles und Tomatensaft.

5

SIRUPE, SOURS UND LAKEN

Der Erfolgsdreier der Cocktailwelt: Sirupe, Sours und Laken sind die Sprengköpfe im Arsenal des Hobbymixers. Sirup süßt, Sour macht sauer und Lake bringt den Geschmack des jeweils darin Eingelegten ins Spiel.

SIRUP

Das süße Zeug. Sirup nimmt saurem Zitrusgeschmack die Schärfe und macht bittere Spirituosen weicher. Ein Spritzer kann den Charakter von Drinks verändern und Alkomonster in Limonade verwandeln. Sirup mit Aroma bereichert Cocktails um eine Komplexität, die eine frische Zutat nie liefern kann. Zudem lässt er sich kinderleicht herstellen. Steigen Sie mit dem einfachen Zuckersirup (rechts) ein, steigern Sie sich zu den aromatisierten Versionen und kreieren Sie dann Ihre eigenen Kompositionen. Es gibt Sirup auch zu kaufen, aber seine Herstellung ist so einfach, dass man sich das Geld sparen kann.

Rohzucker muss nicht sein, schmeckt aber besser, enthält keine Chemie und bringt etwas Authentisches, Handgemachtes mit.

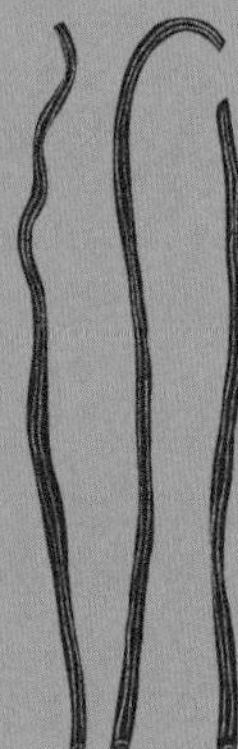

ZUCKERSIRUP

Ergibt genug Spritzer für etwa 15 Drinks

Zutaten
200 ml Wasser
100 g Demerara- bzw. Turbinado-, Rohr- oder Rohzucker
1 EL Maissirup (Onlinehandel; nach Belieben)

Ausrüstung
Kochtopf mit Antihaftbeschichtung
Holzlöffel
Trichter

Glas
Einmachglas 200 ml, sterilisiert
Glasflasche mit Verschluss, sterilisiert

Zubereitung
Wasser zum Kochen bringen und Zucker nach und nach einrühren. Temperatur reduzieren und 3–5 Minuten ständig rühren, bis sich der gesamte Zucker aufgelöst hat und der Sirup klar geworden ist. Vom Herd nehmen und den Sirup abkühlen lassen. Nach Belieben 1 EL Maissirup unterrühren, damit der Sirup geschmeidig bleibt. Solange er noch leicht flüssig ist, in ein Einmachglas oder eine Flasche mit Verschluss füllen. Hält sich im Kühlschrank bis zu 6 Wochen.

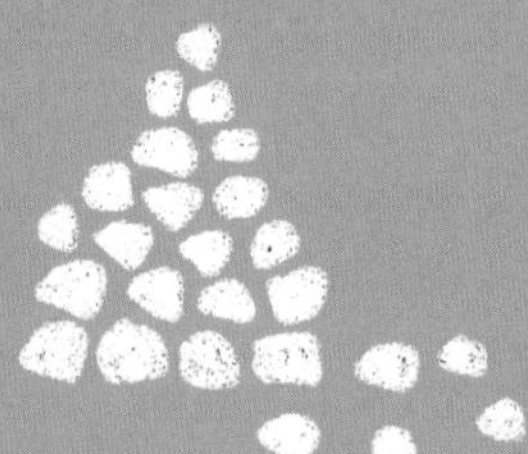

BRAUNER ZUCKERSIRUP

Ergibt genug Spritzer für etwa 15 Drinks

Zutaten
200 ml Wasser
100 g dunkler Rohrzucker (z.B. Muscovado)
1 EL frisch geriebener Ingwer
1 EL Maissirup (Onlinehandel; nach Belieben)

Ausrüstung
Kochtopf mit Antihaftbeschichtung
hitzebeständige Schüssel
Holzlöffel
Trichter
Seihtuch

Glas
Einmachglas 200 ml, sterilisiert
Glasflasche mit Verschluss, sterilisiert

Zubereitung
Wasser zum Kochen bringen, Zucker und Ingwer einrühren. Temperatur reduzieren und 3–5 Minuten ständig rühren, bis sich der Zucker vollständig aufgelöst hat. Vom Herd nehmen und 20–30 Minuten ziehen und dabei abkühlen lassen. Nach Belieben 1 EL Maissirup unterrühren, damit der Sirup geschmeidig bleibt. Solange er noch flüssig ist, durch ein mit einem Seihtuch ausgeschlagenes Sieb in die hitzebeständige Schüssel gießen, dann in das Einmachglas oder in die Flasche umfüllen. Im Kühlschrank bis zu 6 Wochen haltbar.

RHABARBER-, INGWER- UND STERNANISSIRUP

Ergibt genug Spritzer für etwa 15 Drinks

Zutaten
200 ml Wasser
100 g Demerara- bzw. Turbinado-, Rohr- oder Rohzucker
2 Stangen Rhabarber, in Stücke geschnitten
1 EL frisch geriebener Ingwer
1 Sternanis, leicht zerdrückt
1 Spritzer frisch gepresster Zitronensaft
1 EL Maissirup (Onlinehandel; nach Belieben)

Ausrüstung
Kochtopf mit Antihaftbeschichtung
hitzebeständige Schüssel
Holzlöffel
Trichter
Seihtuch

Glas
Einmachglas 200 ml, sterilisiert
Glasflasche mit Verschluss, sterilisiert

Zubereitung
Wasser zum Kochen bringen, Zucker, Rhabarber, Ingwer, Sternanis und Zitronensaft einrühren. Temperatur reduzieren und 3–5 Minuten ständig rühren, bis sich der Zucker vollständig aufgelöst hat. Vom Herd nehmen und 20–30 Minuten abkühlen lassen. Maissirup nach Belieben hinzufügen. Solange der Sirup noch flüssig ist, durch ein mit dem Seihtuch ausgeschlagenes Sieb in die hitzebeständige Schüssel gießen, dann in das Einmachglas oder die Flasche umfüllen. Im Kühlschrank bis zu 6 Wochen haltbar.

TEQUILA UND WODKA AROMATISIEREN

Zutaten
200 ml Wodka oder Tequila
5 TL frisch gemahlener schwarzer Pfeffer

Ausrüstung
Holzlöffel, Trichter, Seihtuch

Glas
Einmachglas 200 ml, sterilisiert
Glasflasche mit Verschluss, sterilisiert

Zubereitung
Spirituose mit dem Pfeffer ansetzen, verschließen und bei Zimmertemperatur 7 Tage ziehen lassen. Gelegentlich umrühren. Nach 7 Tagen durch das Seihtuch gießen und abfüllen.

SIRUP AROMATISIEREN

Auch Sirup lässt sich gut aromatisieren. Nehmen Sie Zuckersirup (Seite 32) und geben Sie Kräuter und Gewürze hinein. Die Menge der Zutaten richtet sich nach ihrer Intensität: Für Rosmarinsirup reichen 1–2 Zweige, für Minze- und Basilikumsirup dagegen braucht man jeweils eine gute Handvoll.

Brauner Zucker & Melasse
Ingwer & Kardamom
Basilikum & Limette
Minze
Rosmarin
Salbei
Kaffee (gemahlen)
Rosa Pfeffer
Vanilleschoten

LAKEN

Die salzigen Flüssigkeiten bzw. Essigaufgüsse von eingelegten Oliven, Kapern oder Gurken geben Drinks einen würzigen, säuerlichen Einschlag und verdrängen die Süße mit mehr Nachdruck als Zitrussäfte. Die Kraft eines bereits harten, sauren Spirits unterstreicht ein Schuss Lake allerdings noch. Olivenlake gibt einem Martini mit Gin oder Wodka einen pikant würzigen Kick. Silberzwiebeln und ein Tropfen Essig schlagen einen scharfen, sauren Ton an, und ein Tropfen Gurkenaufguss in einem Shot Rye Whisky scheint dessen Feuerkraft noch zu erhöhen. Und das Beste: Solche Drinks sind wie Essen und Trinken zugleich. Womit mehr Zeit für das Trinken bleibt.

SOURS

Sours sind ein Mix auf Zitrusbasis, der unter anderem Zuckersirup und Eiklar enthalten kann. Sie gebieten der klebrigen Süße von Likören Einhalt. Mit Eiklar und Zuckersirup geschüttelt, verleiht Zitronen- und Limettensaft (oder Grapefruit- und Blutorangensaft) Cocktails wie dem Whisky Sour (Seite 44) einen schwungvollen Oberton. Angenehm Saures gibt man sich auch mit einem einfachen halben Barmaß Zitronensaft, eingerührt in ein Glas Amaretto on the rocks, das Omas Likörchen im Handumdrehen in eine Männersache verwandelt.

EINFACHER SOUR

Zutaten
1 EL frisch gepresster Zitronensaft
1 EL frisch gepresster Limettensaft

Zubereitung
Beide Säfte mischen und sinnvoll einsetzen.

KLASSISCHER SOUR

Zutaten
1 EL frisch gepresster Zitronensaft
1 EL frisch gepresster Limettensaft
1 EL Zuckersirup (Seite 32)
Eiklar von 1 Ei

Zubereitung
Beide Säfte, Sirup und Eiklar mischen und mit Eis und einer beliebigen Spirituose schütteln.

BLOODY SOUR

Zutaten
1 EL frisch gepresster Blutorangensaft
1 EL frisch gepresster rosa Grapefruitsaft

Zubereitung
Beide Säfte mischen und für einen Cocktail/Drink unterbringen.

Teil zwei: DIE COCKTAILS

6

DIE KLASSIKER

Die Greatest Hits der Cocktailkultur sollte ein Hobbymixer zuallererst beherrschen lernen. Sie können sie zu Hause auf Profiniveau feinschleifen, und auch beim Bestellen außer Haus gehen Sie mit ihnen auf Nummer sicher. Jede Bar hat sie. Da brauchen Sie die Getränkekarte gar nicht erst in die Hand zu nehmen.

MARTINI

❶ ZUTATEN

5 CL DRY GIN
1 TL TROCKENER VERMOUTH
COCKTAILOLIVE ZUM GARNIEREN

❷ AUSRÜSTUNG

MARTINIGLAS ODER COUPE

SHAKER ODER RÜHRGLAS

BARLÖFFEL

Der bekannteste Cocktail der Welt ist vermutlich auch der, der sich am einfachsten mixen lässt. Glas kühlen, zu hochwertigem Gin voller Kräuter- und Wacholderaroma greifen und eiskalt servieren.

❸ ZUBEREITUNG

Gin und Vermouth mit Eiswürfeln rühren oder schütteln, dann ins Glas abseihen. Mit einer Cocktailolive garnieren.

OLD FASHIONED

❶ ZUTATEN

1 ROHZUCKERWÜRFEL • 2 SPRITZER ANGOSTURA • 1 EL SODAWASSER
5 CL BOURBON • 2 TWISTS ORANGENSCHALE
COCKTAILKIRSCHE ZUM GARNIEREN

❷ AUSRÜSTUNG

TUMBLER BARSTÖSSEL

Ein Bourbon, verkleidet mit Zucker und Bitter, verharmlost mit etwas Soda. Einen Orangentwist lässt man aus dem Glas herausragen wie einen Mittelfinger, sodass er beim Trinken an der Nase kitzelt und dort seine Aromen deponiert.

❸ ZUBEREITUNG

Zuckerwürfel im Tumbler in Bitter, Sodawasser und Bourbon auflösen. Orangentwist hineingeben und mit dem Stößel ausdrücken. 1 große Eiswürfel und die Cocktailkirsche hinzufügen. Mit zweitem Twist garnieren.

COSMOPOLITAN

Erinnern Sie sich an die Neunziger? Dieser rosa Cocktail beherrschte die noblen Bars von New York, London und anderer In-Schauplätze und berauschte ganze Junggesellinnenabende. Inzwischen ist der Cosmo etwas außer Mode gekommen, ein Klassiker ist er aber geblieben.

❶ ZUTATEN

5 CL WODKA
2,5 CL TRIPLE SEC
2,5 CL CRANBERRYSAFT
TWIST ORANGENSCHALE ZUM GARNIEREN

❷ AUSRÜSTUNG

MARTINIGLAS ODER COUPE

SHAKER

❸ ZUBEREITUNG

Zutaten mit Eiswürfeln schütteln und in ein gekühltes Martiniglas oder eine Coupe abseihen. Mit einem Orangentwist garnieren.

LONG ISLAND ICED TEA

Eine Tasse heißer schwarzer Tee und ein Tropfen Wodka? Ist irgendwie, nun ja, billig. Lassen Sie also den Tee weg, geben einen Eimer Alkohol dazu, und schon haben Sie einen ziemlich rassigen, kunstvollen Drink.

❶ ZUTATEN

2,5 CL WODKA • 2,5 CL GIN
2,5 CL WEISSER RUM • 2,5 CL TEQUILA
2,5 CL FRISCH GEPRESSTER ZITRONENSAFT
2,5 CL ORANGENLIKÖR • 1 TL SEHR FEINER ZUCKER
ZITRONENSCHEIBE ZUM GARNIEREN
LIMETTENSCHEIBE ZUM GARNIEREN

❷ AUSRÜSTUNG

HIGHBALLGLAS · BARLÖFFEL · COCKTAILRÜHRER, STROHHALME

❸ ZUBEREITUNG

Zutaten in das mit Eiswürfeln gefüllte Glas geben, umrühren, Zitronen- und Limettenscheibe dazu. Mit Cocktailrührer und 2 Strohhalmen servieren.

GIN RICKEY

Einfach, scharf, erfrischend und – nach ein paar Gläsern – zu Kopf steigend. Das Verhältnis von Zucker und Limette können Sie nach Belieben feinjustieren, aber ein guter Rickey sollte vor allem spritzig und stark sein.

❶ ZUTATEN

5 cl Gin

1 EL frisch gepresster Limettensaft

1 EL Zuckersirup (Seite 32)

Sodawasser

Limettenspalte zum Garnieren

❷ **GLAS** Highballglas

❸ ZUBEREITUNG
Gin, Limettensaft und Sirup in ein mit Eiswürfeln gefülltes Highballglas geben. Mit Sodawasser auffüllen und mit einer Limettenspalte garnieren.

WHISKEY SOUR

Hier wird das Traumpaar Zitrus-Zuckersirup – der perfekte Sour-Mix – mit Bourbon, Kirschsaft und zwei Spritzern Angostura eingetrübt.

❶ ZUTATEN

5 cl Bourbon

1 EL Saft aus einem Cocktailkirschenglas

2 Spritzer Angostura

5 cl frisch gepresster Zitronensaft

5 cl Zuckersirup (Seite 32)

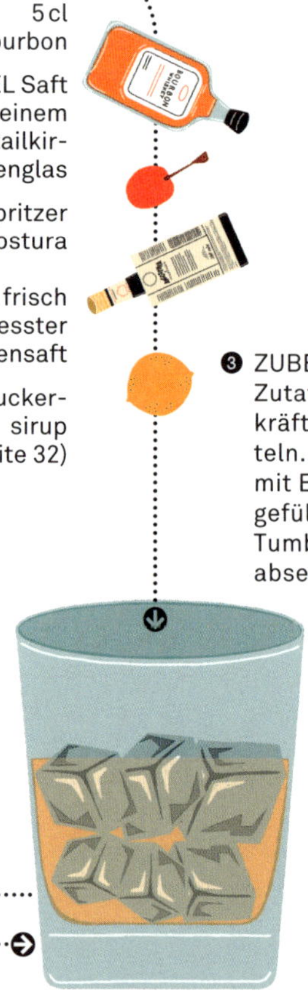

❷ **GLAS** Tumbler **AUSRÜSTUNG** Shaker

❸ ZUBEREITUNG
Zutaten mit Eis kräftig schütteln. In einen mit Eiswürfeln gefüllten Tumbler abseihen.

ROB ROY

Der nach dem schottischen Nationalhelden Rob Roy benannte Drink enthält eine ordentliche Dosis Scotch und eine Überraschungskirsche.

❶ ZUTATEN

2,5 cl Wodka

5 cl Scotch

4 cl süßer Vermouth

4 Spritzer Angostura

Orangentwist zum Garnieren

Cocktailkirsche zum Garnieren

❷ **GLAS** Martiniglas oder Coupe **AUSRÜSTUNG** Rührglas, Barlöffel

❸ ZUBEREITUNG
Zutaten mit Eis rühren und in ein gekühltes Martiniglas oder eine Coupe abseihen. Mit Orangentwist und Cocktailkirsche garnieren.

AMERICANO

Ein italienischer Klassiker der bitteren, aromatischen Sorte. Der süße Vermouth schleift seine Kanten etwas ab, während ihm die tiefrote Farbe einen Hauch von Melodramatik verleiht.

❶ ZUTATEN

2,5 cl Campari

2,5 cl süßer Vermouth

Sodawasser

Orangenscheibe zum Garnieren

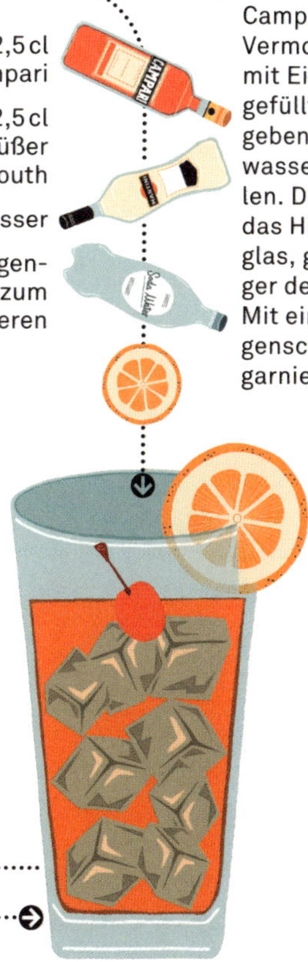

❷ **GLAS** Highballglas oder Tumbler

❸ ZUBEREITUNG
Campari und Vermouth in ein mit Eiswürfeln gefülltes Glas geben, mit Sodawasser auffüllen. Dezenter ist das Highballglas, großspuriger der Tumbler. Mit einer Orangenscheibe garnieren.

SINGAPORE SLING

❶ ZUTATEN

5 CL GIN • 2,5 CL CHERRY BRANDY
5 CL FRISCH GEPRESSTER ZITRONENSAFT
1 TL GRENADINE • SODAWASSER
COCKTAILKIRSCHE ZUM GARNIEREN

❷ AUSRÜSTUNG

TUMBLER SHAKER

Erfunden hat ihn im frühen 20. Jahrhundert ein Barmann im Raffles Hotel in Singapur als Variante des klassischen Gin Sling. Der dunkelrosa Cocktail mit Kirschgeschmack wird als Longdrink serviert.

❸ ZUBEREITUNG

Gin, Cherry Brandy, Zitronensaft und Grenadine mit Eis kräftig schütteln. In einen Tumbler auf Eiswürfel abseihen, mit Sodawasser auffüllen und mit einer Kirsche garnieren.

NEGRONI

❶ ZUTATEN

2,5 CL DRY GIN
2,5 CL SÜSSER VERMOUTH
5 CL CAMPARI
TWIST ORANGENSCHALE ZUM GARNIEREN

❷ AUSRÜSTUNG

TUMBLER | RÜHRGLAS | BAR-LÖFFEL | BARSIEB

Der Negroni entstand als knackigere Version des Americano in Florenz, wo ein Held der Cocktailwelt auf die Idee kam, Sodawasser durch Gin zu ersetzen. Er verdient ein Denkmal.

❸ ZUBEREITUNG

Zutaten mit Eis im Rührglas rühren. Durch ein Barsieb in einen mit Eiswürfeln gefüllten Tumbler gießen und mit dem Orangentwist garnieren.

MANHATTAN

Der einfache, kräftige und mehr nur als ein bisschen elegante Manhattan wurde zu einer ebensolchen Legende wie der New Yorker Bezirk, aus dem er stammt, kommt aber mit weniger Attitüde daher.

❶ ZUTATEN

7,5 CL BOURBON
2,5 CL SÜSSER VERMOUTH
2 SPRITZER ANGOSTURA • COCKTAILKIRSCHE ODER TWIST ZITRONENSCHALE ZUM GARNIEREN

❷ AUSRÜSTUNG

MARTINIGLAS ODER COUPE — RÜHRGLAS — BAR-LÖFFEL — BARSIEB

❸ ZUBEREITUNG

Zutaten im Rührglas mit Eis rühren und durch ein Barsieb in ein gekühltes Martiniglas oder eine Coupe gießen. Mit einer Kirsche oder einem Zitronentwist garnieren.

GIMLET

❶ ZUTATEN

5 CL DRY GIN
1 CL FRISCH GEPRESSTER LIMETTENSAFT

❷ AUSRÜSTUNG

MARTINIGLAS ODER COUPE

SHAKER

Die Urversion jeder Gin-Saft-Kombination, ein Power-Paket von einem Cocktail. Man kann den Limettensaft auch durch den Saft einer anderen säuerlichen Frucht ersetzen.

❸ ZUBEREITUNG

Zutaten mit Eis kräftig schütteln und auf einige Eiswürfel in ein gekühltes Martiniglas oder eine Coupe abseihen.

CHAMPAGNERCOCKTAIL

❶ ZUTATEN

1 ROHZUCKERWÜRFEL
2 SPRITZER ANGOSTURA
2,5 CL BRANDY
9 CL CHAMPAGNER

❷ AUSRÜSTUNG

SEKTGLAS

❸ ZUBEREITUNG

Zuckerwürfel ins Glas legen, die beiden Spritzer Angostura hinterherschicken, dann den Brandy hineingeben und mit dem gekühlten Champagner auffüllen.

Kaum etwas kommt so dekadent rüber wie ein Mixgetränk mit Champagner – aber diesen Cocktail auf Brandy-Basis schert das wenig. Aufgepeppt wird er mit einem Zuckerwürfel und Angostura. Nur für dekadente Anlässe.

MOSCOW MULE

❶ ZUTATEN

½ LIMETTE
5 CL WODKA
10 CL GINGER BEER

❷ AUSRÜSTUNG

MOSCOW MULE MUG
ODER EIN STABILES HOHES GLAS

Das Maultier, englisch Mule, kennt man als unermüdliches Arbeitstier. Seine Bescheidenheit und Kraft, aber auch das etwas schäbige Image dienten als Inspiration für diesen Cocktail – eine Art Tribut an das stoische Tier, das schuftet wie ein Pferd, aber keines ist.

❸ ZUBEREITUNG

Limette in einen Moscow Mule Mug oder ein hohes Glas auspressen, die ausgepresste Limettenhälfte, den Wodka und drei Eiswürfel dazugeben, mit Ginger Beer auffüllen und umrühren.

PUNSCHTRÄUME

Warum jedem Gast einen eigenen Drink mixen, wenn man auch einen riesigen Cocktail zubereiten und alle aus dem Vollen schöpfen lassen kann? So lautet die Logik für Punsche und Bowlen. Als Behältnis eignet sich eine Kristallschüssel ebenso wie ein Krug oder Eimer, ein Kochtopf, ein Hundenapf. Eines aber steht fest: Punschlos glücklich sein geht nicht.

BROOKLYN DROPOUT

Die schrägen Ponys, Tatoos und Schnauzbärte aus Brooklyn treffen sich in heißen Sommernächten in ihren Hinterhöfen, tauschen neueste vegane Backrezepte aus und schöpfen mit Vintage-Teetassen diesen Wunschpunsch aus großen Krügen. Das soll Sie nicht abschrecken: Er schmeckt trotzdem himmlisch.

Zutaten
2 Flaschen Schaumwein (à 0,75 l)
95 cl Ginger Beer
2,5 cl frisch gepresster Zitronensaft
5 cl Holunderblütenlikör
1 Spritzer Angostura
Limettenscheiben zum Garnieren
Pfirsichscheiben zum Garnieren

Ausrüstung
Punschschüssel, Schöpfkelle oder kleiner Krug

Glas
Tumbler oder Pappbecher

Zubereitung
Eisblock oder Eisring (Seite 15) in die Schüssel legen, flüssige Zutaten dazugeben und umrühren. Limetten- und Pfirsichscheiben zufügen.

MELONEN-RUM-BOWLE

Eine frische, pürierte Wassermelone, Minzesirup und Zitronenlimonade bringen Süße in diesen umwerfend alkoholstarken, leuchtend rosa Sommerhammer.

Zutaten
1 Wassermelone, geschält, geschnitten, entkernt
95 cl weißer Rum
28 cl Tequila
2,5 cl Minzesirup (Seite 34)
2,5 cl frisch gepresster Limettensaft
2 l Zitronenlimonade
50 g Minzeblätter, zerpflückt, zum Garnieren
Limettenscheiben zum Garnieren
Wassermelonenscheiben zum Garnieren

Ausrüstung
Mixer, Punschschüssel, Schöpfkelle oder Krug

Glas
Tumbler oder Pappbecher

Zubereitung
Geschnittene Wassermelone im Mixer pürieren. Eisblock oder Eisring (Seite 15) in die Schüssel legen, alle Zutaten hineingeben und umrühren. Minze, Limetten- und Melonenscheiben hinzufügen. Nach Geschmack mehr Minzesirup zugeben.

ST.-PETERSBURG-PUNSCH

Punsch muss nicht aus vielen Portionen bestehen. Diese Version mit russischem Thema ist für eine Person gedacht. Sie setzt sich aus russischem Wodka, Crème de Cassis, frischen Himbeeren sowie Schaumwein zusammen und übt sich in eisig-russischer Zurückhaltung.

Zutaten
5 cl russischer Wodka
5 cl frisch gepresster Zitronensaft
2,5 cl Crème de Cassis
2,5 cl Püree aus frischen Himbeeren
1 Spritzer Himbeerlikör
1 Spritzer Zuckersirup (Seite 32)
Schaumwein zum Auffüllen

Ausrüstung
Shaker

Glas
Highballglas

Zubereitung
Wodka, Zitronensaft, Crème de Cassis, Himbeerpüree, Himbeerlikör und Zuckersirup mit Eiswürfeln kräftig schütteln. In ein mit Crushed Ice gefülltes Highballglas abseihen und mit Schaumwein auffüllen.

SANGRIA FAST KLASSISCH

So schmeckt Urlaub in Spanien! Dieser rote Fruchtpunsch auf Weinbasis scheint immer kräftiger zu werden, je weiter der Abend fortschreitet. Ich habe das klassische Rezept leicht variiert und die Orangenscheiben durch dicke Blutorangenspalten ausgetauscht.

Zutaten
1 Flasche Rotwein (0,75 l)
2 l Zitronenlimonade
10 cl frisch gepresster Orangensaft
Blutorangenspalten
1 kleines Bund Minze, Blätter abgezupft

Ausrüstung
Punschschüssel, Schöpfkelle oder kleiner Krug

Glas
Tumbler

Zubereitung
Eisblock oder Eisring (Seite 15) in die Schüssel legen, Zutaten dazugeben und umrühren. Etwa 20 Minuten ziehen lassen; nach Geschmack noch mehr Orangensaft dazugeben.

HONIG-BIER-PUNSCH

Die süße, bierselige Interpretation des Long Island Iced Tea kombiniert Gin, Honig und ein gutes Bier zu einem süffigen Einpersonenpunsch. Abgeschmeckt wird mit Honig.

Zutaten
1 TL Honig
1 Schuss heißes Wasser
1,5 cl frisch gepresster Zitronensaft
5 cl Gin
erstklassiges Bier, gekühlt, zum Auffüllen
Zitronenscheibe zum Garnieren

Ausrüstung
Wasserkocher, Rührglas, Barlöffel

Glas
Hohes Glas

Zubereitung
Einen großzügig bemessenen Teelöffel Honig in einem Schuss heißem Wasser auflösen und abkühlen lassen. Zitronensaft und Gin in ein hohes, mit Eiswürfeln gefülltes Glas gießen und den aufgelösten Honig dazugeben. Mit gekühltem Bier auffüllen und mit einer Zitronenscheibe garnieren.

BIER-TEE-PUNSCH

Sie können den Tag mit einer Tasse kräftigem Tee beginnen, sich in den nächsten Stunden weitere acht gönnen, um den Tag zu überstehen, und am Abend auf Bier umsteigen. Sie können aber auch alles ganz pragmatisch zu einem Drink kombinieren. Dieser Punsch ist unverschämt einfach zuzubereiten und schmeckt trotzdem überragend. Verwenden Sie hochwertigen Tee und ein erstklassiges Bier.

Zutaten
4 Flaschen erstklassiges Bier (à 0,5 l), gekühlt
95 cl Ginger Beer
95 cl kalten, kräftigen englischen Frühstückstee
Orangenscheiben zum Garnieren
50 g Minzeblätter, zerpflückt, zum Garnieren

Ausrüstung
Punschschüssel, Schöpfkelle oder kleiner Krug

Glas
Tumbler oder Pappbecher

Zubereitung
Eisblock oder Eisring (Seite 15) in die Punschschüssel legen, alle flüssigen Ingredienzen hineingeben und umrühren. Orangenscheiben und Minze zum Garnieren dazugeben.

PLANTER'S PUNCH

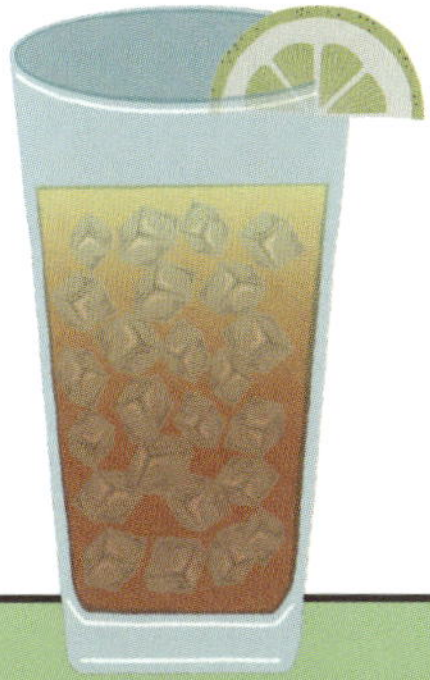

Der klassische Ein-Becher-Punsch mit dunklem Rum wird mit Zuckersirup und Angostura weich und mit eiskaltem Sodawasser und Limettensaft frisch gemacht. Nach Geschmack können Sie auch noch mehr Zuckersirup verwenden. Ein Cocktailklassiker.

Zutaten
5 cl dunkler Rum
2,5 cl frisch gepresster Limettensaft
2 Spritzer Angostura
1 Spritzer Zuckersirup (Seite 32)
Sodawasser
Limettenspalte zum Garnieren

Ausrüstung
Shaker

Glas
Highballglas

Zubereitung
Rum, Limettensaft, Angostura und Sirup mit Eis schütteln. In ein mit Crushed Ice gefülltes Highballglas abseihen. Mit Soda auffüllen und mit einer Limettenspalte garnieren.

ARME-LEUTE-CHAMPAGNERBOWLE

Zahltag noch weit weg? Zufällig keine Kiste Moët im Kühlschrank? Da ist Erfindungsreichtum gefragt. In dieser Champagnerbowle für Arme kommt statt teurem Schaumwein Bier zum Einsatz. Der schmutzige Trick wird kaschiert mit einer Ladung gefrorener Himbeeren und Wodka.

Zutaten
100 g tiefgefrorene Himbeeren und ein paar weitere zum Garnieren
3 cl frisch gepresster Limettensaft
3 cl Zuckersirup (Seite 32)
30 cl Wodka
2 Flaschen erstklassiges Bier (à 0,5 l), gekühlt
Limettenscheiben zum Garnieren

Ausrüstung
Mixer, Punschschüssel

Glas
Tumbler oder Pappbecher

Zubereitung
Die Himbeeren mit dem Limettensaft und Zuckersirup im Mixer pürieren, dann mit dem Wodka und dem Bier in die Punschschüssel geben. Limettenscheiben und ein paar gefrorene ganze Himbeeren zum Garnieren hinzufügen.

8

SIEGERTYPEN

Gelegentlich trifft es einen wie ein Donnerschlag: Man nimmt den ersten Schluck, ist völlig von den Socken – und weiß gar nicht, warum. Vielleicht erinnert der Geschmack an eine Zeit, einen Ort, eine Person. Vielleicht ist es auch nur das Ambiente. Aber eines ist sicher: Der Drink hat etwas bewirkt in Ihnen. Wie es Siegertypen so an sich haben.

ROSITA

Die rubinrote, recht alkoholstarke Rosita tritt in vielerlei Varianten auf, diese hier aber gilt als ihre reinste Ausprägung. Wer auf eine besonders authentische Rauchnote Wert legt, greift zum Tequila Reposado.

❶ ZUTATEN

5 CL GEREIFTER TEQUILA • 2,5 CL SÜSSER VERMOUTH
2,5 CL TROCKENER VERMOUTH
2,5 CL APEROL • 1 SPRITZER ANGOSTURA
TWIST ORANGENSCHALE ZUM GARNIEREN

❷ AUSRÜSTUNG

MARTINIGLAS ODER COUPE SHAKER

❸ ZUBEREITUNG

Tequila, Vermouth, Aperol und Angostura mit Eiswürfeln kräftig schütteln, in ein gekühltes Martiniglas oder eine Coupe füllen und mit einem Orangentwist garnieren.

APPLE CATCHER

❶ ZUTATEN

5 CL APFELBRAND
2,5 CL FRISCH GEPRESSTER ORANGENSAFT
1 EL FRISCH GEPRESSTER ZITRONENSAFT
1 EL AHORNSIRUP (GRAD A)
TWIST ZITRONENSCHALE ZUM GARNIEREN

❷ AUSRÜSTUNG

TUMBLER SHAKER

❸ ZUBEREITUNG

Geben Sie einem Apfelbrand Saures mit Zitrussäften und Tiefe mit einem holzigen Ahornsirup – und Sie bekommen eine goldene Köstlichkeit.

Apfelbrand, Orangen- und Zitronensaft und Ahornsirup mit Eiswürfeln schütteln. In einen mit einem großen Stück Eis gefüllten Tumbler abseihen und mit Zitronentwist garnieren.

SPARTACUS

Scotch – guter Scotch – sollte nur mit Eis oder Sodawasser gemischt werden, heißt es. Im Spartacus aber lässt man Orangensaft, Heering-Kirschlikör und süßen Vermouth an ihn ran. Und das ist auch gut so.

❶ ZUTATEN

2,5 CL SCOTCH WHISKY
2,5 CL FRISCH GEPRESSTER ORANGENSAFT
2,2 CL SÜSSER VERMOUTH
2,2 CL HEERING CHERRY LIQUEUR
COCKTAILKIRSCHE ZUM GARNIEREN

❷ AUSRÜSTUNG

TUMBLER

SHAKER

❸ ZUBEREITUNG

Scotch, Orangensaft, Vermouth und Kirschlikör mit Eiswürfeln schütteln und in einen mit einem großen Stück Eis gefüllten Tumbler abseihen. Mit der Cocktailkirsche garnieren.

TAKE IVY

❶ ZUTATEN

5 CL GIN • 1 SPRITZER ORANGENBITTER
2,2 CL PORTWEIN • ORANGENTWIST ZUM GARNIEREN

❷ AUSRÜSTUNG

MARTINIGLAS ODER COUPE

SHAKER

❸ ZUBEREITUNG

Gin und Bitter mit Eiswürfeln schütteln und in ein gekühltes Glas abseihen. Den Port behutsam an der Seite des Glases nach unten fließen lassen, sodass er zu Boden sinkt und sich dort sammelt. Twist an den Rand hängen, nicht in den Drink geben.

Ein Studentenklassiker aus Übersee. Während andere am Biertrichter hängen und sich im Komasaufen üben, nippen Sie souverän an diesem edlen Dreierlei aus Gin, Portwein und Bitter.

ESPRESSO MARTINI

Zum Glück fliegen Energydrinks allmählich wieder aus der modernen Cocktailbar, während man die Originale neu entdeckt. Dieser Espresso Martini ist nicht nur einfach ein Muntermacher, er haut Sie von den Socken. Selbst wenn Sie keine anhaben.

❶ ZUTATEN

- 5 cl Wodka
- 2,5 cl kalter Espresso
- 2,5 cl Kaffeelikör
- 1 Spritzer brauner Zuckersirup (Seite 33)

❷ **GLAS** Martiniglas oder Coupe
AUSRÜSTUNG Shaker

❸ ZUBEREITUNG
Wodka, Espresso, Kaffeelikör und Sirup mit Eiswürfeln kräftig schütteln. In ein eisgekühltes Glas abseihen und servieren.

HOLY WATER

Kraftvoller Longdrink, der mit Tonic und Grenadine aufgepeppt wird. Perfekt für Nonnen, die nach dem Nachtgebet einen stärkenden Geist brauchen.

❶ ZUTATEN

- 2,5 cl Wodka
- 2,5 cl Triple Sec
- 2,5 cl weißer Rum
- Tonic Water, gekühlt, zum Auffüllen
- 1 Spritzer Grenadine
- Zitronentwist zum Garnieren

❷ **GLAS** Highballglas
AUSRÜSTUNG Barlöffel

❸ ZUBEREITUNG
Wodka, Triple Sec und Rum in ein mit Eiswürfeln gefülltes Highballglas geben. Umrühren, mit Tonic auffüllen und Grenadine hineintröpfeln lassen. Mit der Zitronenschale garnieren und servieren.

MAXIM

So trinkt ein Mann Crème de Cacao. Der Likör wird mit trockenem Vermouth und Gin hart gemacht, die Kirsche liefert das ironische Lächeln dazu.

❶ ZUTATEN

4 cl Gin

2,5 cl trockener Vermouth

2,5 cl dunkle Crème de Cacao

Cocktailkirsche zum Garnieren

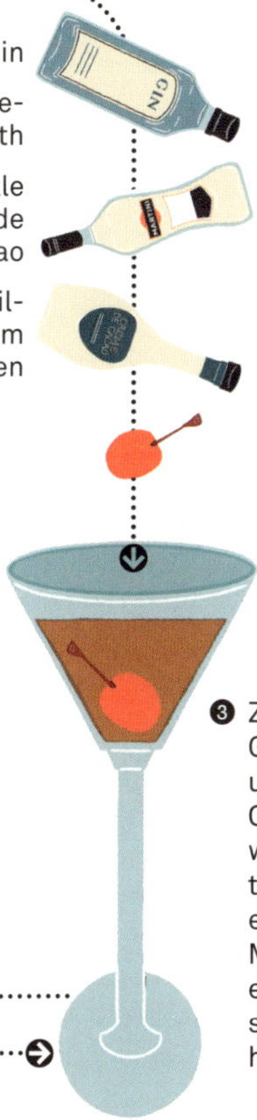

❷ **GLAS** Martiniglas oder Coupe
AUSRÜSTUNG Shaker

❸ ZUBEREITUNG
Gin, Vermouth und Crème de Cacao mit Eiswürfeln schütteln und in ein eisgekühltes Martiniglas oder eine Coupe abseihen. Kirsche hinein – fertig.

THE SLAMMER

Manche Drinks süffelt man, andere haut man auf den Tisch: Das Team aus Tequila, Crème de Cacao und einem Schuss Schaumwein wird im stabilen Tumbler buchstäblich hingeknallt – und anschließend durch die Kehle gejagt.

❶ ZUTATEN

5 cl Tequila Gold

5 cl Schaumwein

1 Spritzer Crème de Cacao

❷ **GLAS** Tumbler

❸ ZUBEREITUNG
Alle Zutaten in den Tumbler gießen. Glas mit der Hand abdecken und auf die Tischplatte knallen, dann alles auf ex hinunterkippen.

SOUR FIZZ

❶ ZUTATEN

4 CL TEQUILA GOLD • 2,5 CL FRISCH GEPRESSTER LIMETTENSAFT • 2,5 CL FLÜSSIGER HONIG
5 SPRITZER ORANGENBITTER • BITTER LEMON ZUM AUFFÜLLEN • ZITRONENSCHEIBE ZUM GARNIEREN

❷ AUSRÜSTUNG

HIGHBALLGLAS SHAKER

Mit seinen gleichen Anteilen Honig und Limettensaft als Basis, einer Portion Tequila Gold und einem Kontingent Orangenbitter verdient sich der Sour Fizz seinen Namen durch das Toppen mit Bitter Lemon.

❸ ZUBEREITUNG

Tequila, Limettensaft, Honig und Bitter mit Eis schütteln und in ein mit Eiswürfeln gefülltes Highballglas gießen. Mit Bitter Lemon toppen und mit einer Zitronenscheibe garnieren.

DIRTY DICK

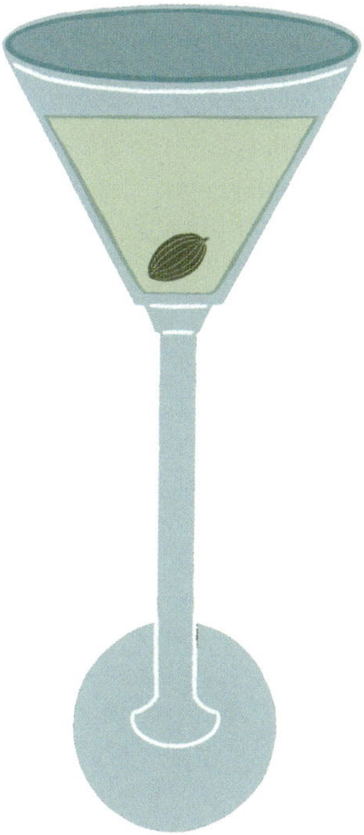

❶ ZUTATEN

2,5 CL TEQUILA GOLD
2,5 CL MIT SCHWARZEM PFEFFER AROMATISIERTER WODKA • 2,5 CL FRISCH GEPRESSTER LIMETTENSAFT • 2–3 TL KAPERNLAKE
KAPER ZUM GARNIEREN

❷ AUSRÜSTUNG

MARTINIGLAS ODER COUPE

SHAKER

Der schmutzige Name bezieht sich auf die Kapernlake, die dem feurigen, kräftigen Drink eine salzige und fruchtige Note gibt. Ansonsten ist der Dirty Dick eine Tequila- und Pfefferwodka-Version des Dirty Martini. Trotz seines Namens duftet er überraschend aromatisch.

❸ ZUBEREITUNG

Tequila, Wodka, Limettensaft und Lake mit Eis schütteln. In ein eisgekühltes Martiniglas oder eine Coupe abseihen, Kaper als Garnitur hineingeben und servieren.

CLASS ACT

Sie hängen mit den falschen Leuten ab? Ihre Freunde sind ein bisschen ungehobelt? Servieren Sie ihnen einen Class Act. Der Champagnercocktail mit Grand-Marnier-Touch ist so schick, dass ihnen die Spucke wegbleiben wird.

❶ ZUTATEN

1 ROHZUCKERWÜRFEL
5 SPRITZER ANGOSTURA
2,5 CL GRAND MARNIER
CHAMPAGNER, GEKÜHLT, ZUM AUFFÜLLEN
TWIST ORANGENSCHALE ZUM GARNIEREN

❷ AUSRÜSTUNG

SEKTGLAS

❸ ZUBEREITUNG

Zuckerwürfel mit dem Bitter tränken, ins Glas geben und Grand Marnier darübergießen. Mit gekühltem Champagner auffüllen und mit dem Orangentwist garniert servieren.

RUDOLPH

Der Cocktail aus Gin, Holunderblütenlikör und Schampus eignet sich vor allem für die Weihnachtszeit. Mit einer Rispe Johannisbeeren – eine Anspielung auf Rentier Rudolphs rote Nase – kommt auch der Kitsch nicht zu kurz.

❶ ZUTATEN

5 CL GIN
2,5 CL HOLUNDERBLÜTENLIKÖR
CHAMPAGNER ZUM AUFFÜLLEN
RISPE ROTER JOHANNISBEEREN ZUM GARNIEREN

❷ AUSRÜSTUNG

MARTINIGLAS, SEKTGLAS
ODER COUPE

❸ ZUBEREITUNG

Gin und Holunderblütenlikör in ein eisgekühltes Glas gießen, mit Champagner auffüllen und mit einer Rispe frischer Johannisbeeren garnieren.

9

TROPICAL UND TIKI

Cocktailschirmchen, Wunderkerzen, bunte Rührstäbchen, Palmwedel ... wer sich auf Tropical- und Tiki-Cocktails einlässt, sollte alle Geschmacksskrupel über Bord werfen und sie durch ein Faible für exotischen Schnickschnack und fruchtige Mischungen ersetzen. Aber unter dem Firlefanz und der Süße stecken hammerharte Cocktails.

PIÑA COLADA

❶ ZUTATEN

5 CL WEISSER RUM
2,5 CL DUNKLER RUM
7,5 CL ANANASSAFT
5 CL CREAM OF COCONUT
ANANASSPALTEN ZUM GARNIEREN

❷ AUSRÜSTUNG

HIGHBALLGLAS MIXER

Der tropischste aller Tropicals. Wird sie korrekt gemixt, ist die Piña Colada das geschmackliche Pendant zum Erwachen am Südseestrand. Nackt. Und ohne Brieftasche.

❸ ZUBEREITUNG

Eis im Mixer zerkleinern, weißen und dunklen Rum, Ananassaft und Cream of Coconut hinzufügen und glatt mixen. In ein Highballglas gießen und mit Ananasspalten garnieren.

MOJITO

❶ ZUTATEN

5 CL FRISCH GEPRESSTER LIMETTENSAFT
2 GEHÄUFTE TL ROHZUCKER
1 HANDVOLL MINZE • 7,5 CL WEISSER RUM
SODAWASSER ZUM AUFFÜLLEN

❷ AUSRÜSTUNG

HIGHBALLGLAS BARSTÖSSEL TEELÖFFEL

Ernest Hemingways kubanischer Lieblingsdrink ist schnell beisammen. Wer ihn nicht ganz so erwachsen mag, gibt mehr Zucker hinein.

❸ ZUBEREITUNG

Limettensaft, Zucker und die meisten Minzeblätter in das Glas geben und zerstoßen. Rum dazugießen, mit Crushed Ice auffüllen, mit Soda toppen und einem Minzezweig garnieren.

PFIRSICH- UND PFEFFER-MARGARITA

Die Margarita tritt – wie der Teufel – in vielerlei Gestalt auf. Mixen Sie sich diese Variante so süß oder würzig, wie Sie wollen, mit selbst aromatisiertem Tequila (Seite 34) und abgeschmeckt mit Pfirsichlikör. Herauskommen sollte ein eher saurer und pfeffriger als pappig süßer Drink.

❶ ZUTATEN

1 Handvoll Meersalzflocken
3 TL schwarze Pfefferkörner
1 EL frisch gepresster Limettensaft, die ausgepresste Limettenspalte beiseitegelegt
1 großer reifer Pfirsich
5 cl mit Pfeffer aromatisierter Tequila
2,5 cl Pfirsichlikör

❷ AUSRÜSTUNG

MARTINIGLAS ODER COUPE

MÖRSER

MIXER

❸ ZUBEREITUNG

Salzflocken und Pfeffer im Mörser zerstoßen. Den Rand des eisgekühlten Glases außen mit der ausgepressten Limettenspalte anfeuchten und so im Salz drehen, dass das halbe Glas außen einen Salzrand bekommt. Das Pfirsichfruchtfleisch in Stücke schneiden und mit Eiswürfeln, dem Pfeffertequila, dem Pfirsichlikör und dem Limettensaft durchmixen und in ein Martiniglas oder eine Coupe abseihen.

GRANATAPFEL-TEQUILA

Bauen Sie die einzelnen Ingredienzen dieses Longdrinks in zwei Schichten, sodass der Gast sie selbst verrühren kann. Orangenlikör und Limettensaft werden mit dem Tequila eingefüllt und anschließend mit süßem Granatapfelsaft getoppt.

Zutaten
5 cl Tequila
2,5 cl Cointreau
1 EL frisch gepresster Limettensaft
Granatapfelsaft zum Auffüllen
Limettenscheibe zum Garnieren

Glas
Highballglas

Ausrüstung
Cocktailrührer

Zubereitung
Tequila, Cointreau und Limettensaft in das mit Crushed Ice gefüllte Glas gießen, mit Granatapfelsaft auffüllen, Cocktailrührer hineinstecken und mit einer Limettenscheibe garnieren.

BANANA DAIQUIRI

Das klassische Tiki-Rezept – und das wohl schwülstigste. Der dunkle Rum färbt den Bananengeschmack mit einer Karamellnote ein, während der Limettensaft die Süße abfedert.

Zutaten
5 cl eiskaltes Wasser
5 cl dunkler Rum
2,5 cl Bananenlikör
1 EL frisch gepresster Limettensaft
1 Spritzer Zuckersirup (Seite 32)
1 sehr reife Banane (1 Scheibe als Garnitur)

Glas
Highballglas

Ausrüstung
Mixer

Zubereitung
Wasser, Rum, Bananenlikör, Limettensaft, Sirup und Banane mit Eiswürfeln im Mixer glatt pürieren. In ein mit Crushed Ice gefülltes Highballglas gießen und mit der Bananenscheibe garnieren.

BEACH HOUSE

❶ ZUTATEN

5 CL GIN
1 EL FRISCH GEPRESSTER LIMETTENSAFT
KOKOSWASSER ZUM AUFFÜLLEN
LIMETTENSCHEIBE ZUM GARNIEREN

❷ AUSRÜSTUNG

HIGHBALLGLAS COCKTAILRÜHRER

❸ ZUBEREITUNG

Gin und Limettensaft in ein Highballglas mit Crushed Ice geben, mit Kokoswasser auffüllen, einen Cocktailrührer hineinstecken und mit einer Limettenscheibe garnieren.

Dieser Klassiker aus Barbados gibt seine tropische DNA nicht gleich preis. Er sieht aus wie ein simpler Gin Tonic, enthält aber Kokoswasser anstelle von Tonic. Seine Frische und Süße täuschen darüber hinweg, wie viel Alkohol in ihm steckt.

BIG CARDOMOMMA'S HOUSE

❶ ZUTATEN

½ REIFE MANGO
2,5 CL PFIRSICHLIKÖR
1 EL FRISCH GEPRESSTER LIMETTENSAFT
1,5 CL KARDAMOMSIRUP, SELBST ZUBEREITET (SEITE 34) • CHAMPAGNER ZUM AUFFÜLLEN

❷ AUSRÜSTUNG

TUMBLER — MIXER — BARSIEB

❸ ZUBEREITUNG

Mango schälen, klein schneiden und mit Pfirsichlikör, Limettensaft, Kardamomsirup und Eiswürfeln glatt mixen. Durch ein Barsieb in einen Tumbler auf Eiswürfel gießen und mit Champagner auffüllen.

Kardamom ist ein wärmendes Gewürz mit feinem Geschmack und passt gut zu diesem an Mango Lassi erinnernden Cocktail, der mit Schaumwein getoppt wird.

PINEAPPLE MOUNTAIN

Mit dunklem, gereiftem Rum wird dieses ansonsten süße Powerpaket eine Spur tiefer. Selbst gemachter Ingwersirup verleiht ihm einen warmen Zug, der Zitronensaft gibt ihm Saures.

Zutaten
5 cl alter Rum
5 cl frischer Ananassaft
1 EL frisch gepresster Zitronensaft
1 EL Ingwersirup (Seite 34)
1 Spritzer Angostura
Ananasscheibe zum Garnieren

Glas
Tumbler

Ausrüstung
Shaker

Zubereitung
Rum, Säfte und Ingwersirup mit Eiswürfeln kräftig schütteln und in einen eisgekühlten, mit Eiswürfeln gefüllten Tumbler abseihen. Einen Spritzer Angostura dazugeben und mit der Ananasscheibe garnieren.

FROZEN GINGER MARGARITA

Der Margarita-Mix mit feurig-süßem Ingwersirup wird mit gekühltem Schaumwein aufgefüllt.

Zutaten
5 cl Tequila
2,5 cl Cointreau
2,5 cl Ingwersirup (Seite 34)
Saft und Schale von ½ Limette
1 EL frisch gepresster Zitronensaft
1 EL frisch gepresster Orangensaft
Schaumwein, gekühlt, zum Auffüllen
Limettenscheibe zum Garnieren

Glas
Tumbler

Ausrüstung
Mixer, Plastikbehälter

Zubereitung
Tequila, Cointreau, Ingwersirup, Limettensaft und -schale sowie Zitronen- und Orangensaft mit Eiswürfeln im Mixer verrühren. Die Mischung 2 Stunden ins Gefrierfach stellen, bis sie halb gefroren ist. Umrühren, mit Schaumwein toppen und mit der Limettenscheibe garniert servieren.

WATERMELON BLOODY MARY

Eine Sommergrillfest-Adaption des blutigen Klassikers. Anstelle von Marys würzigen Elementen – Tomatensaft, Worcestershiresauce und Tabasco – kommen frische Wassermelone, Angostura und ein Spritzer Weißwein zum Einsatz. Für einen Drink braucht man etwa 150 g Melonenfruchtfleisch.

❶ ZUTATEN

5 cl Wodka
1 Spritzer trockener Weißwein
150 g Wassermelone, frisch püriert
2,5 cl frisch gepresster Zitronensaft
1 Handvoll Minzeblätter
1 Prise grob gemahlener Pfeffer
1 Spritzer Angostura
Wassermelonenspalte zum Garnieren

❷ AUSRÜSTUNG

HIGHBALLGLAS MIXER

❸ ZUBEREITUNG

Wodka, Wein, Melonenpüree, Zitronensaft, Minze, Pfeffer und Angostura mit Eis kräftig schütteln. In ein mit Eiswürfeln gefülltes Highballglas abseihen und mit der Wassermelonenspalte garnieren.

10

DIE
BLUT-GRUPPE

Die würzige, suppige Blutfürstin unter den Cocktails kommt hier mit einem Gefolge, das einem das Blut in den Adern gefrieren lässt. Tabasco, frische Chilis, Meerrettich oder Wasabi und schwarzer Pfeffer steigern den Nervenkitzel. Wer das Basisrezept beherrscht, kann sich auch an eigenen Varianten versuchen.

BLOODY MARY

❶ ZUTATEN

5 CL WODKA • 1 SPRITZER TROCKENER WEISSWEIN
1 SPRITZER TABASCO • 1 SPRITZER
WORCESTERSHIRESAUCE • 15 CL TOMATENSAFT
2,5 CL FRISCH GEPRESSTER ZITRONENSAFT
1 PRISE SELLERIESALZ • 1 PRISE CAYENNEPFEFFER
SELLERIESTANGE ZUM GARNIEREN

❷ AUSRÜSTUNG

HIGHBALLGLAS SHAKER

❸ ZUBEREITUNG

Zutaten mit Eis kräftig schütteln und in ein mit Eiswürfeln gefülltes Highballglas abseihen. Mit einer Selleriestange garnieren.

Der blutigste aller Drinks – noch nie wurde über ein Cocktailrezept so viel diskutiert. Tabasco oder frische Chilis? Wodka oder Gin? Wie viel Worcestershiresauce? Hier der Klassiker, doch können Sie Mary durchaus eine Sonderbehandlung verpassen. Ein Tipp: Sie mag es würzig.

FIRE IN THE BLOOD

Die Version für die Harten: scharf, sauer und feurig. Mit Pfefferwodka, weichen Dillnoten und einer Ladung Dijon-Senf.

❶ ZUTATEN

½ TL GEHACKTE DILLSPITZEN
½ TL DIJON-SENF • 3 SPRITZER TABASCO
4 SPRITZER WORCESTERSHIRESAUCE
5 CL MIT SCHWARZEM PFEFFER AROMATISIERTER WODKA (SEITE 34) • 10 CL TOMATENSAFT • 1 EL FRISCH GEPRESSTER ZITRONENSAFT • 1 PRISE SELLERIESALZ
1 PRISE FRISCH GEMAHLENER SCHWARZER PFEFFER

❷ AUSRÜSTUNG

HIGHBALLGLAS

SHAKER

BARSTÖSSEL

❸ ZUBEREITUNG

Dill mit Senf, Tabasco und Worcestershiresauce im Shaker mit dem Barstößel zerreiben. Wodka, Tomaten- und Zitronensaft sowie Eis hinzufügen. Kräftig schütteln, in ein mit Eiswürfeln gefülltes Highballglas abseihen und mit Selleriesalz und Pfeffer bestreuen.

SANGRITA

❶ ZUTATEN

5 CL TEQUILA • 1 SPRITZER TROCKENER SHERRY
1 TL MEERRETTICH (AUS DEM GLAS ODER FRISCH GERIEBEN)
1 SPRITZER WORCESTERSHIRESAUCE
15 CL CLAMATO (ONLINEHANDEL)
2,5 CL FRISCH GEPRESSTER ZITRONENSAFT
1 PRISE SELLERIESALZ • 1 PRISE CAYENNEPFEFFER • SELLERIESTANGE ODER ZITRONENSCHEIBE ZUM GARNIEREN

❷ AUSRÜSTUNG

HIGHBALLGLAS SHAKER

Diese Tequila-Version der Bloody Mary basiert auf einem Mix aus Clamato (gewürzter Tomatensaft mit Muschelbrühe, erhältlich im Onlinehandel) und Meerrettich, trockenem Sherry für mehr Tiefe und Tequila für einen Hauch von Gefahr.

❸ ZUBEREITUNG

Zutaten mit Eis kräftig schütteln und in ein mit Eiswürfeln gefülltes Highballglas abseihen. Mit einer Selleriestange oder Zitronenscheibe garnieren.

WASABIAN

Wasabi (der japanische »grüne Meerrettich«, im Asialaden erhältlich) und Sake bereichern den ansonsten klassischen Mix um eine dezente Schärfe. Übrigens: Versuchen Sie nie, in betrunkenem Zustand Wasabi zu schnupfen. Es geht nicht gut aus.

❶ ZUTATEN

½ TL WASABIPULVER • 1 PRISE SELLERIESALZ
1 EL FRISCH GEPRESSTER LIMETTENSAFT
1 SPRITZER ZITRONENSAFT • 5 CL WODKA
1 EL SAKE • 2,5 CL TOMATENSAFT
1–2 SPRITZER ANGOSTURA

❷ AUSRÜSTUNG

HIGHBALLGLAS SHAKER BARLÖFFEL

❸ ZUBEREITUNG

Wasabi, Selleriesalz und Säfte im Shakerbecher zu einer Paste verrühren. Wodka, Sake und Tomatensaft dazugeben und mit Eis schütteln. Ins Glas auf Eiswürfel abseihen und 1–2 Tropfen Angostura darüber floaten.

11

NOTFALL- TROPFEN

Cocktailzutaten – Mixgetränke, Früchte, Garnierungen – sollten nach Möglichkeit frisch sein. Wenn jedoch um ein Uhr früh Überraschungsgäste vor der Tür stehen und die Tanke schon zu hat, muss man die Regeln über Bord werfen und kreativ werden. Durchstöbern Sie Ihre Küche und holen Sie aus den Regalen, was sonst einzustauben droht.

NACHTFRÜHSTÜCK

Der Star in diesem Cocktail ist die süß-saure Orangenmarmelade, die ihn mit dem gewissen Etwas beseelt. Nehmen Sie ein Produkt ohne Schalenstückchen, sofern vorhanden – der Drink lässt sich dann leichter abseihen. Wer ein Brötchen als Beilage dazulegt, kann sich im Grunde das morgendliche Frühstück sparen.

Zutaten
5 cl Gin
1 EL Cointreau
1 TL Orangenmarmelade ohne Schalen
1 Spritzer Zitronensaft
Zitronenschale zum Garnieren
Orangenschale zum Garnieren

Glas
Martiniglas oder Coupe

Ausrüstung
Shaker

Zubereitung
Gin, Cointreau, Marmelade und Zitronensaft mit Eiswürfeln schütteln und in ein eisgekühltes Glas abseihen. Mit den Zitrusschalen garnieren.

THE JAM

Ein klassischer Flip, der seinen Kick aber durch süße Beeren bekommt. Verwendet werden kann jeder krümelfreie Rest von Konfitüre im Kühlschrank, aber nur dunkle Beerenkonfitüre färbt den trüben Drink rosablau. Wenn Sie es sauer mögen, erhöhen Sie einfach die Ingwersirupdosis.

Zutaten
5 cl Gin
1 EL frisch gepresster Limettensaft
1 TL Schwarze-Johannisbeer-Konfitüre
1 Spritzer Ingwersirup (Seite 34)
1 Eiklar

Glas
Martiniglas oder Coupe

Ausrüstung
Shaker

Zubereitung
Gin, Limettensaft, Konfitüre, Sirup und Eiklar mit Eiswürfeln kräftig schütteln. In ein eisgekühltes Martiniglas oder eine Coupe abseihen und servieren.

DILLGURKEN-GIN-TONIC

Hier mischen all die delikaten Geschmacksnuancen von Dillgurken mit, während der essigsaure Einschlag draußen bleibt. Gurke und Gin sind eine Traumpaarung, zu der Dill eine süße, leicht pikante Note beisteuert. Statt Dill sind auch Fenchel- oder Sellerieblätter möglich. Die Gurke aber ist nicht verhandelbar.

Zutaten
¼ Gurke, in kleine Stücke geschnitten
1 Prise gehackte Dillspitzen
1 EL frisch gepresster Zitronensaft
5 cl Gin
Tonic Water, eiskalt, zum Auffüllen
1 Gurkenviertel, der Länge nach geviertelt

Glas
Highballglas

Ausrüstung
Barstößel

Zubereitung
Gurkenstücke und Dill mit Zitronensaft und Gin leicht zerdrücken. Eiswürfel zufügen, mit Tonic auffüllen und mit dem Gurkenviertel garnieren.

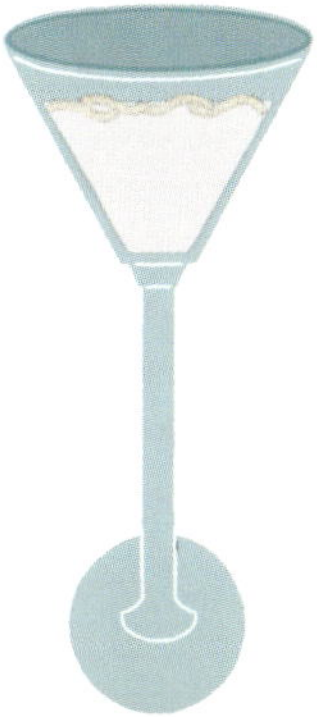

THE LONG SHOT

Ein klassischer Martini, der mit ein wenig Sauerkrautsaft »dirty« und außerdem ein bisschen deutsch wird. Bei Tageslicht scheint er nicht sonderlich erstrebenswert zu sein, aber nach Mitternacht wird er wie durch Zauberhand zu einer echten Option.

Zutaten
5 cl Dry Gin
1 TL trockener Vermouth
1 TL Sauerkrautsaft
½ TL Sauerkraut zum Garnieren

Glas
Martiniglas oder Coupe

Ausrüstung
Shaker oder Rührglas
Barsieb
Barlöffel

Zubereitung
Gin, Vermouth und Sauerkrautsaft mit Eiswürfeln schütteln oder rühren, dann durch das Barsieb in ein Martiniglas oder eine Coupe gießen. Mit ein paar Streifen Sauerkraut garnieren.

12

MINIBAR

Sie stecken in einem Hotel fest und haben nichts weiter als eine Kreditkarte und Lust auf einen Drink? Öffnen Sie die Minibar und nutzen Sie Ihre Mixkünste für eine improvisierte Zimmerparty. Wenn noch ein Laden offen hat: Mit einer Zitrone, Orange oder Limette, einem Beutel Eis und einer Spirituose bekommen Sie locker einen Drink hin. Und wenn nicht? Dann retten Sie die folgenden Rezepte.

ROACH MOTEL

Die Billigversion des Bier-Tee-Punsches hebt das Arsenal einer wirklichen »Mini«-Bar in ganz neue magische Sphären. Und ist auch noch tadellos trinkbar.

❶ ZUTATEN

1 TEEBEUTEL
1 TL BRAUNER ZUCKER
5 CL WODKA
16,5 CL BIER
ZITRONENLIMONADE ZUM AUFFÜLLEN

❷ AUSRÜSTUNG

GLAS ODER ZAHNPUTZBECHER | WASSER-KOCHER | TASSE

❸ ZUBEREITUNG

Eine Tasse schwarzen Tee mit Zucker aufgießen, ziehen und abkühlen lassen, Teebeutel herausnehmen. Tee in das Glas oder den Becher umfüllen, Wodka und Bier hinzufügen, mit Limonade toppen und servieren.

CALIMOCHO

Der südländische Calimocho bricht alle Regeln, denn er bringt zwei zusammen, die sich diametral gegenüberstehen: Rotwein und Cola. Doch Not kennt kein Gebot, wenn nur eine Minibar zur Verfügung steht.

❶ ZUTATEN

12,5 CL ROTWEIN
12,5 CL COLA
1 SPRITZER ORANGENSAFT (NACH BELIEBEN)

❷ AUSRÜSTUNG

GLAS ODER
ZAHNPUTZBECHER

❸ ZUBEREITUNG

Wein und Cola zu gleichen Teilen in ein Glas oder einen Zahnputzbecher gießen und servieren. Nach Belieben Eiswürfel und einen Spritzer Orangensaft dazugeben.

BADEWANNEN-GIN

In einer Badewanne sollte der Drink nicht unbedingt gemixt werden. Ihn auf den Rand der Wanne zu stellen und mit nichts als einem Lächeln bekleidet zu genießen ist aber völlig okay.

❶ ZUTATEN

5 cl Gin

1 Spritzer Zitronenlimonade

Tonic Water zum Auffüllen

❷ **GLAS** Zahnputzbecher
AUSRÜSTUNG Zahnbürste

❸ ZUBEREITUNG
Gin, Limonade und Tonic Water in den Zahnputzbecher geben und mit einer Zahnbürste als Rührstäbchen servieren.

EARL GREAT MARTINI

Eis ist unverzichtbar hier, denn Kälte nimmt den Spirits ihre Härte und beflügelt den mit Bergamotteöl aromatisierten Tee förmlich. Ohne Eis wäre dieser Martini nur ein Mix aus Hochprozentigem mit einem Teebeutel drin.

❶ ZUTATEN

2,5 cl Gin

2,5 cl Wodka

1 Beutel Earl-Grey-Tee

❷ **GLAS** Zahnputzbecher
AUSRÜSTUNG Tasse oder Becher

❸ ZUBEREITUNG
Gin und Wodka bei Zimmertemperatur über einen Beutel Earl-Grey-Tee gießen, ziehen lassen und den Teebeutel herausnehmen. Eiswürfel dazugeben.

FOREAL BUCKS FIZZ

Stellen Sie sich einen Sekt mit Orangensaft vor, bei dem der langweilige Orangensaft durch einen ordentlichen Orangenlikör ersetzt wurde. Verlockend? Sie haben soeben im Geiste einen Foreal Bucks Fizz gemixt.

❶ ZUTATEN

2,5 cl Cointreau

Schaumwein, gekühlt, zum Auffüllen

❷ GLAS Sektglas

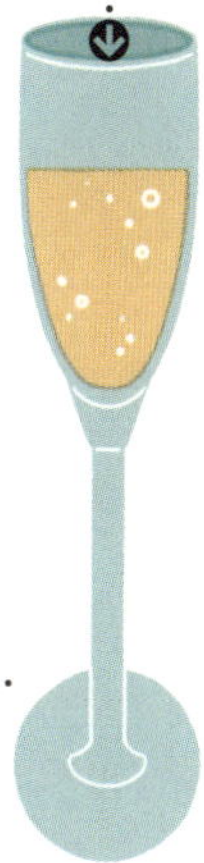

❸ ZUBEREITUNG
Cointreau ins Glas gießen und mit gekühltem Schaumwein auffüllen.

DOOR SLAMMER

Bedrückende Anonymität, viel zu saubere Bettwäsche ... Hotels bringen einen dazu, die verrücktesten Dinge zu tun, wie *Kevin – Allein in New York*. Der Door Slammer aus Orangenlikör und Tequila mit Schaumweinprickeln stachelt da noch zusätzlich an.

❶ ZUTATEN

2,5 cl Cointreau

2,5 cl Tequila Gold

2,5 cl Schaumwein

❸ ZUBEREITUNG
Cointreau, Tequila und Schaumwein in einen robusten Tumbler geben, das Glas mit der Hand abdecken, auf die Tischplatte knallen und sofort auf ex kippen.

❷ GLAS Tumbler

13

JUNG**FRÄULICH**

Was soll ich damit? Genau das denken Sie, stimmt's? Aber manche trinken nun einmal keinen Alkohol – weil sie fahren müssen, weil sie schwanger sind oder beides. Oder weil ihnen noch vom gestrigen Gelage der Schädel dröhnt. Wie dem auch sei, ein guter Barmixer sollte es als seine Pflicht ansehen, auch Enthaltsame zufriedenzustellen.

ST. CLEMENTS

Eine schwungvolle kleine Nummer, die sich leicht mixen lässt. Der Orangensaft muss frisch gepresst sein; außerdem braucht man einige Früchte für die Garnitur. Einen rosigeren Teint bekommt der St. Clements, wenn man Blutorangen verwendet.

❶ ZUTATEN

10 CL FRISCH GEPRESSTER ORANGENSAFT
10 CL BITTER LEMON
ORANGENSCHEIBE ZUM GARNIEREN
ZITRONENSCHEIBE ZUM GARNIEREN

❷ AUSRÜSTUNG

HIGHBALLGLAS

❸ ZUBEREITUNG

Orangensaft und Bitter Lemon in ein mit Crushed Ice gefülltes Highballglas geben, mit je einer Orangen- und Zitronenscheibe garnieren und servieren.

VIRGIN MARY

❶ ZUTATEN

10 CL TOMATENSAFT • 2 SPRITZER TABASCO
4 SPRITZER WORCESTERSHIRESAUCE • 1 SPRITZER FRISCH GEPRESSTER LIMETTENSAFT • 1 SPRITZER FRISCH GEPRESSTER ZITRONENSAFT • 1 PRISE SELLERIESALZ
1 PRISE FRISCH GEMAHLENER SCHWARZER PFEFFER
1 KIRSCHTOMATE, HALBIERT, ZUM GARNIEREN
1 SELLERIESTANGE ZUM GARNIEREN

❷ AUSRÜSTUNG

HIGHBALLGLAS SHAKER

❸ ZUBEREITUNG

Tomatensaft, Tabasco, Worcestershiresauce, Limetten- und Zitronensaft mit Eis schütteln und in ein Highballglas auf Eiswürfel gießen. Abschmecken. Mit den Tomatenhälften und der Selleriestange garnieren und servieren.

Der perfekte alkoholfreie Drink für den Nichttrinker, der seine Enthaltsamkeit nicht an die große Glocke hängen möchte. Das hier ist das klassische Virgin-Mary-Rezept, man hält es am besten simpel und frisch. Reichlich Zitrusanteile verleihen ihm etwas Komplexität.

MINTED

Was man alles mit einer Gurke anstellen kann! Dieser superfrische Cocktail scheint förmlich nach einem Shot Wodka zu schreien, schmeckt aber auch ohne erstaunlich gut.

Zutaten
½ Gurke, geschält
2,5 cl frisch gepresster Limettensaft
1 Spritzer Minzesirup (Seite 34), nach Geschmack
Sprudelwasser zum Auffüllen
1 kleine Handvoll Minzeblätter zum Garnieren

Glas
Highballglas

Ausrüstung
Mixer
feines Sieb

Zubereitung
Die Gurke mit dem Limettensaft im Mixer pürieren und durch das Sieb in ein Highballglas auf einige Eiswürfel abseihen. Nach Geschmack Minzesirup zufügen, mit Sprudelwasser auffüllen und mit Mizeblättern garniert servieren.

MANGO LASSI

Das indische Traditionsgetränk bringt Obst und Zitrusfrüchte mit Joghurt zusammen und verstößt dadurch gegen eine eherne Mixerregel, schmeckt aber trotzdem. Fügen Sie beim Mixen immer wieder Eis hinzu, wenn Sie einen leichteren, weniger milkshakeartigen Drink bevorzugen.

Zutaten
1 reife Mango, geschält, entkernt, gewürfelt
1 Spritzer frisch gepresster Limettensaft
fein abgeriebene Schale von ½ Limette
500 g Naturjoghurt
1 Spritzer Kardamomsirup (Seite 34)

Glas
Highballglas

Ausrüstung
Mixer
Barsieb

Zubereitung
Mango, Limettensaft und -schale, Joghurt und Kardamomsirup mit Eiswürfeln vermixen. Durch ein Barsieb in ein mit Eiswürfeln gefülltes Highballglas gießen und servieren.

SODA BERRY

Ingwersirup gibt diesem beerenstarken Drink eine süße, feurige Komponente mit, während die Minze eine frische grüne Note anschlägt. Cream Soda (ein Softdrink mit Vanillegeschmack) bekommt man im Onlinehandel.

Zutaten
4–5 Brombeeren
4–5 Himbeeren
1 Handvoll Minze
1 Spritzer Ingwersirup (Seite 34)
Cream Soda zum Auffüllen
1 Zweig Minze zum Garnieren

Glas
Highballglas

Ausrüstung
Mixer
Barlöffel

Zubereitung
Beeren, Minze und Ingwersirup mit einer Handvoll Crushed Ice im Mixen pürieren, in ein Glas auf Eiswürfel gießen, mit Cream Soda auffüllen und umrühren. Mit dem Minzezweig garnieren.

PIMMS STAND IN

Ein superstarker Shot schwarzer Tee und ein Spritzer Angostura bilden die Basis dieses Drinks. Der Spritzer Tonic suggeriert Alkohol.

Zutaten
5 cl starker schwarzer Tee
2,5 cl frisch gepresster Limettensaft
1 Spritzer Angostura
frische Gurkenwürfel, nach Geschmack
3 frische Erdbeeren
1 Zweig Minze
5 cl Tonic Water
Zitronenlimonade zum Auffüllen

Glas
Highballglas

Ausrüstung
Wasserkocher und Teetasse
Shaker

Zubereitung
Tee zubereiten und abkühlen lassen. Mit Limettensaft und Angostura schütteln, in das mit Eiswürfeln, Gurkenwürfeln, Beeren und Minze gefüllte Glas gießen. Tonic hinzufügen, mit Limonade toppen.

14

SAISONAL

Sie würden im Winter genauso wenig in Badehosen am Baggersee rumhängen wie im Sommer in Skiunterwäsche herumlaufen. Es gibt für alles eine Zeit und einen Ort – und einen Cocktail. Der Gurken-Minze-Gin-Fizz ist ein Frühlingscocktail, der Eggnog mit Kardamom und Ingwer schmeckt am besten im tiefen Winter. Thermounterwäsche hin oder her.

FRÜHLING: BLUEBERRY HILLS

Frische, dicke Heidelbeeren, zu Mus zerstoßen, dunkler Rum, eine Limette, Minze und Ginger Ale – das muss man einfach mögen. Sparen Sie nicht am Limettensaft, er hält alles zusammen.

❶ ZUTATEN

7–10 Heidelbeeren zum Zerstoßen und Garnieren
1 Zweig Minze
5 cl dunkler Rum
2,5 cl frisch gepresster Limettensaft
Ginger Ale zum Auffüllen

❷ AUSRÜSTUNG

HIGHBALL-GLAS

BARSTÖSSEL

❸ ZUBEREITUNG

4–7 Heidelbeeren und die Minze in einem Highballglas mit etwas Crushed Ice zerstoßen. Rum und Limettensaft dazugießen, mehr Crushed Ice und 3 ganze Heidelbeeren hinzufügen, mit Ginger Ale toppen und servieren.

FRÜHLING: GURKEN-MINZE-GIN-FIZZ

Mit einer Gurke kann man viel anstellen, aber diese Gin-Fizz-Variante gehört definitiv in die Top Five. Der Trick besteht darin, den Gin so lange wie möglich zu aromatisieren und das Ganze richtig eiskalt zu servieren.

❶ ZUTATEN

1 Gurke, längs in Streifen geschnitten
Blätter von 1 Minzezweig
5 cl Gin
1 Spritzer frisch gepresster Zitronensaft
Tonic Water, eiskalt, zum Auffüllen

❷ AUSRÜSTUNG

HIGHBALLGLAS WASSERKRUG BARSIEB

❸ ZUBEREITUNG

Fast alle Gurkenstreifen und die Minze in einem Krug mit dem Gin übergießen und 2 Stunden im Kühlschrank ziehen lassen. Ein paar Eiswürfel, einen frischen Gurkenstreifen und Zitronensaft in ein Highballglas geben und den gekühlten Gurken-Gin durch ein Barsieb dazugießen. Mit eiskaltem Tonic Water auffüllen.

SOMMER: CHERRY MOJITO

Dafür braucht man vollreife, weiche Kirschen – sie geben dem Ganzen einen süßen Geschmack und eine blutige Textur. Der Geschmack wird wie bei allen Mojitos umso besser, je langsamer man ihn trinkt.

❶ ZUTATEN

4–5 reife Kirschen, entsteint
1 Zweig Minze
1 TL Rohzucker
5 cl weißer Rum
2,5 cl frisch gepresster Limettensaft
Sprudelwasser zum Auffüllen

❷ AUSRÜSTUNG

❸ ZUBEREITUNG

Die Kirschen, die Minze und den Zucker im Tumbler mit etwas Crushed Ice zerstoßen, Rum und Limettensaft dazugeben, mehr Crushed Ice hinzufügen und mit Sprudelwasser toppen.

SOMMER: PINK DOG

Rosa Grapefruit, Campari und Grenadine geben diesem Konglomerat auf Wodkabasis eine nicht allzu dezente rosa Farbe, die etwas an einen knalligen Lippenstift erinnert.

❶ ZUTATEN

Meersalzflocken
5 cl Wodka
2,5 cl frisch gepresster rosa Grapefruitsaft
2,5 cl Campari
1 Spritzer Grenadine

❷ AUSRÜSTUNG

MARTINIGLAS ODER COUPE

SHAKER

❸ ZUBEREITUNG

Einen Salzrand aus Meersalzflocken am Glas anbringen und das Glas kalt stellen. Wodka, Grapefruitsaft, Campari und Grenadine mit Eiswürfeln schütteln, in das vorbereitete Martiniglas oder die Coupe abseihen und servieren.

HERBST: CRANBERRY ADAM

Ingwersirup und Spiced Rum (Sailor Jerry erzeugt einen anständigen) schleifen den Cranberry Adam aus dem Cosmopolitan-Gebiet auf schrofferes Terrain für den ganzen Mann.

❶ ZUTATEN

5 cl Spiced Rum
5 cl Cranberrysaft
1 Spritzer Ingwersirup (Seite 34)
Ginger Beer zum Auffüllen

❷ AUSRÜSTUNG

HIGHBALLGLAS

❸ ZUBEREITUNG

Den Rum mit dem Cranberrysaft und dem Ingwersirup in ein mit Eiswürfeln gefülltes Highballglas geben, mit Ginger Beer toppen und servieren.

HERBST: CIDERHOUSE BLUES

Ein würziger, nach Gewürznelken duftender Cider mit einer Ladung Bourbon. Besorgen Sie sich naturtrüben Apfelsaft von guter Qualität, stellen Sie den Gewürznelkensirup selbst her und geizen Sie nicht mit Zitronensaft.

❶ ZUTATEN

5 cl Bourbon
2,5 cl Gewürznelkensirup (Seite 34)
1 Spritzer frisch gepresster Zitronensaft
naturtrüber Apfelsaft zum Auffüllen
1 Zimtstange zum Garnieren

❷ AUSRÜSTUNG

HIGHBALLGLAS SHAKER

❸ ZUBEREITUNG

Bourbon, Gewürznelkensirup und Zitronensaft mit Eiswürfeln schütteln, in ein mit 2–3 Eiswürfeln gefülltes Highballglas abseihen, mit naturtrübem Apfelsaft auffüllen und mit einer Zimtstange garnieren.

WINTER: GRANATAPFEL-GLÜHWEIN

Wer Orangensaft durch Granatapfelsaft ersetzt, macht aus dem typischen Weihnachtsmarktgesöff einen reichhaltigen Edelglühwein. Spiced Rum und ein Spritzer Cointreau wiederum erfüllen die Luft mit festlichem Duft.

❶ ZUTATEN

10 cl Spiced Rum
2,5 cl Cointreau
1,15 l Granatapfelsaft
1 Flasche Rotwein (0,75 l)
2–3 Gewürznelken
1 Spritzer Ingwersirup (Seite 34)
3 Zimtstangen
1 Blutorange, in Scheiben geschnitten
Granatapfelkerne zum Garnieren

❷ AUSRÜSTUNG

❸ ZUBEREITUNG

Alle Zutaten (außer den Granatapfelkernen) in einen großen Topf geben und 15 Minuten behutsam erhitzen, aber nicht zum Kochen bringen. Gelegentlich mit dem Holzlöffel umrühren. Mit den Granatapfelkernen garnieren und im feuerfesten Glas servieren.

WINTER: EGGNOG MIT KARDAMOM UND INGWER

DER Weihnachtsklassiker in Übersee. Lassen Sie sich nicht von Drinks mit Ei abschrecken, der hier sieht zwar nach Vanillesauce aus, hat aber ordentlich Stoff. Durch die offenen, aber noch ganzen Kardamomkapseln und den Ingwer hebt er sich vom üblichen Eierlei ab.

❶ ZUTATEN

6 sehr frische Bio-Eier, verquirlt
1,15 l Vollmilch
50 g Rohzucker
3 Kardamomkapseln, zerstoßen
1 Spritzer Ingwersirup (Seite 34)
1 TL Zimtpulver
20 cl Brandy
frisch geriebene Muskatnuss zum Garnieren

❷ AUSRÜSTUNG

FEUERFESTES GLAS | HOLZLÖFFEL | GROSSER TOPF | REIBE

❸ ZUBEREITUNG

Verquirlste Eier mit Milch, Zucker, zerstoßenen Kardamomkapseln, Ingwersirup und Zimt in den Topf geben und unter gelegentlichem Rühren langsam erhitzen, bis die Flüssigkeit einzudicken beginnt. Kardamomkapseln entfernen. Den Brandy auf feuerfeste Gläser verteilen, den warmen (oder auch gekühlten) Eggnog dazugeben und mit je 1 Prise Muskat bestreuen.

15

RETRO

Erinnern Sie sich an die Achtziger? Dauerwellenfrisuren, riesige Schulterpolster, Brusthaare. Und das waren erst die Frauen. Cocktailbars hatten Neonschilder, Bartender trugen Westen und die Drinks waren mit Papierschirmchen und Strohhalmspiralen zu Tode garniert. Doch selbst diese peinliche Ära kannte ein paar Delikatessen, die man heute gern wieder aus der Versenkung holt.

TEQUILA SUNRISE

Mit seinem ordentlichen Wumms und dem herrlich effekthascherischen Zweifarbenstyling verkörpert der Tequila Sunrise die Achtziger wie kaum ein anderes Getränk: billig, bunt und auch irgendwie brillant.

❶ ZUTATEN

2,5 CL TEQUILA
24 CL FRISCH GEPRESSTER ORANGENSAFT
1 SPRITZER GRENADINE
ORANGENSPALTE ZUM GARNIEREN

❷ AUSRÜSTUNG

HIGHBALLGLAS

❸ ZUBEREITUNG

Highballglas zur Hälfte mit Eiswürfeln füllen. Tequila dazugeben, mit Orangensaft toppen und langsam Grenadine einfüllen. Mit der Orangenspalte garnieren.

WHITE RUSSIAN

❶ ZUTATEN

5 CL WODKA
5 CL KOCHSAHNE (FETTREDUZIERTE SAHNE MIT 15 % FETT)
5 CL KAHLÚA (KAFFEELIKÖR)

❷ AUSRÜSTUNG

TUMBLER

SHAKER

❸ ZUBEREITUNG

Zutaten mit Eiswürfeln schütteln und in einen Tumbler auf Eiswürfel gießen.

Cocktails, so lautet die Regel, sollten nicht milchig sein. Dieser köstliche Retrotrunk gehört zu den wenigen Ausnahmen. Denken Sie nur an das viele Kalzium, das Sie dank ihm bekommen.

ZOMBIE

Würde auch nur ein Zombie diesen Drink probieren, er würde nie mehr im Entferntesten daran denken, sich an menschlichen Hirnen und Eingeweiden gütlich zu tun, sondern ausschließlich von karibischen Paradiesen mit tropischen Stränden, Sonnenuntergängen und Bikinischönheiten träumen.

❶ ZUTATEN

2,5 cl weißer Rum
2,5 cl goldener Rum
2,5 cl Jamaika-Rum
1 großzügiger Schuss Limettensaft
2 Spritzer Maracujanektar
2 Spritzer Ananassaft
1 Spritzer Zuckersirup (Seite 32), nach Geschmack
2 cl Overproof-Rum

❷ AUSRÜSTUNG

HIGHBALLGLAS SHAKER

❸ ZUBEREITUNG

Den weißen, goldenen und Jamaika-Rum mit den Fruchtsäften, einem Spritzer Zuckersirup (nach Geschmack) und Eis in den Shaker geben und kräftig schütteln. In ein mit Eis gefülltes Highballglas abseihen und den Overproof-Rum darüber floaten.

BRANDY ALEXANDER

Der Brandy Alexander lässt den White Russian wie saure Milch dastehen. Der edle Dreiklang aus Weinbrand, heller und dunkler Crème de Cacao ist mit seiner Muskat-Garnierung auf grandiose Weise durch und durch retro.

❶ ZUTATEN

5 cl Brandy
2,5 cl weiße Crème de Cacao
2,5 cl dunkle Crème de Cacao
1 EL Kochsahne (fettreduzierte Sahne mit 15 % Fett)
1 Prise frisch geriebene Muskatnuss zum Garnieren

❷ AUSRÜSTUNG

MARTINIGLAS ODER COUPE | SHAKER | REIBE

❸ ZUBEREITUNG

Brandy, Crème de Cacao und Sahne mit Eiswürfeln kräftig schütteln. In ein eisgekühltes Martiniglas oder eine Coupe abseihen, etwas Muskatnuss darüber reiben und servieren.

AVIATION

Dieser Klassiker in zartem Violett sieht lieb und nett aus, hat es aber in sich: ein supersaurer, nach Veilchen duftender Überflieger, den selbst der Kirschlikör nicht groß süßen kann.

❶ ZUTATEN

5 cl Gin
1 EL frisch gepresster Zitronensaft
2 TL Kirschlikör
1 Spritzer Crème de Violette

❷ AUSRÜSTUNG

MARTINIGLAS ODER COUPE

SHAKER

❸ ZUBEREITUNG

Gin, Zitronensaft, Kirschlikör und Crème de Violette mit Eiswürfeln schütteln, in ein eisgekühltes Martiniglas oder eine Coupe gießen und servieren.

BOULEVARDIER

Der clever austarierte Süßsauermix mit Vermouth und Campari bekommt dank einer geballten Whiskyladung reichlich Effet. Ein echter Barklassiker aus der Retroecke.

❶ ZUTATEN

2,5 cl Whisky
2,5 cl Campari
2,5 cl süßer Vermouth
Twist Orangenschale zum Garnieren

❷ AUSRÜSTUNG

TUMBLER

SHAKER

❸ ZUBEREITUNG

Whisky, Campari und süßen Vermouth mit Eis schütteln und in einen Tumbler abseihen, in dem ein großer Eiswürfel liegt. Mit dem Orangentwist garniert servieren.

GREYHOUND

Der erfrischend einfache klassische Greyhound setzt sich aus gerade einmal zwei Elementen – Gin und Saft – zusammen. Diese Version aber hat noch ein bisschen Agavensirup dabei, der seine harten Kanten abschleift. Der Saft einer rosa Grapefruit macht ihm rosige Bäckchen.

❶ ZUTATEN

5 CL GIN
10 CL FRISCH GEPRESSTER ROSA GRAPEFRUITSAFT
1 SPRITZER AGAVENSIRUP

❷ AUSRÜSTUNG

MARTINIGLAS ODER COUPE SHAKER

❸ ZUBEREITUNG

Zutaten mit Eiswürfeln kräftig schütteln und in ein eisgekühltes Martiniglas oder eine Coupe gießen.

DAS LETZTE WORT

Ein »schmutziger« grüner Cocktail, sauer und scharf. Als würde man von Hulk ins Gesicht geschlagen. Dann gekitzelt. Dann wieder geschlagen.

❶ ZUTATEN

2,5 CL GIN
2,5 CL FRISCH GEPRESSTER LIMETTENSAFT
2,5 CL GRÜNER CHARTREUSE
2,5 CL KIRSCHLIKÖR

❷ AUSRÜSTUNG

MARTINIGLAS ODER COUPE SHAKER

❸ ZUBEREITUNG

Zutaten mit Eiswürfeln kräftig schütteln und in ein eisgekühltes Martiniglas oder eine Coupe füllen.

DAN JONES

Dan Jones ist einer der meistveröffentlichten Cocktail-experten der Welt. Der Autor und Herausgeber schreibt Beiträge für etliche Magazine wie *i-D* und *Time Out*. Als selbsternannter Stubenhocker versteht er sich vortrefflich auf die Kunst des häuslichen Genießens und lädt mit Vorliebe Gäste ein. Dabei erweitert er ständig sein Cocktailwissen und versucht sich an neuen Rezepten. Sein Lieblingsdrink ist ein Dirty Martini. Einer, der richtig »dirty« ist.

DANK

Mein Dank geht an Kate Pollard, Kajal Mistry und das Team von Hardie Grant in Großbritannien, an Stardesigner Jim Green und die großartige Illustratorin Esme Lonsdale, an Gabriella Gershenson, weil sie mir bei einer Silvesterfeier in New York City den Sexy Baileys zeigte, an Tom McDonald für seine Aperol-Spritz-Lieferungen, an Issy, Toby und Arnold für ihren Upcott-Test und an meine verstorbenen Urgroßeltern für mein erstes Gläschen Cherry Brandy.

REGISTER

TABASCO
TABASCO
DIJON
PRODUIT DE FRANCE
ANGOSTURA
GIN
TONIC WATER
APEROL

WORCESTERSHIRE SAUCE
TOMATO JUICE
HEERING
KAHLÚA
CHARTREUSE
CREAM OF COCONUT

Die Originalausgabe ist 2014 unter dem Titel „The Mixer´s Manual" bei Hardy Grant Books (UK), 5th & 6th Floor, 52-54 Southwark Street, London, SE1 1RU sowie bei Hardie Grant Books (Australia), Ground Floor, Building 1, 658 Church Street, Melbourne, VIC 3121 erschienen: www.hardiegrant.co.uk und www.hardiegrant.com.au

Grillparzerstr. 12, 81675 München
HALLWAG ist ein Unternehmen der GRÄFE UND UNZER VERLAG GmbH, München, GANSKE VERLAGSGRUPPE.
www.hallwag.de

Projektleitung: Anne-Sophie Zähringer
Übersetzung: Reinhard Ferstl
Lektorat: Martin Waller, Werkstatt München
Satz: L42 Media Solutions Ltd., Berlin
Herstellung: Markus Plötz
Umschlaggestaltung: independent Medien-Design, Horst Moser, München
Druck und Bindung: 1010, China

1. Auflage 2016
ISBN 978-3-8338-5205-3

Liebe Leserin und lieber Leser,
wir freuen uns, dass Sie sich für ein HALLWAG-Buch entschieden haben. Mit Ihrem Kauf setzen Sie auf die Qualität, Kompetenz und Aktualität unserer Bücher. Dafür sagen wir Danke! Ihre Meinung ist uns wichtig, daher senden Sie uns bitte Ihre Anregungen, Kritik oder Lob zu unseren Büchern. Haben Sie Fragen oder benötigen Sie weiteren Rat zum Thema? Wir freuen uns auf Ihre Nachricht!

GRÄFE UND UNZER Verlag
Leserservice
Postfach 860313, 81630 München

Wir sind für Sie da!
Montag-Donnerstag: 9.00 – 17.00 Uhr
Freitag: 9.00 – 16.00 Uhr
Tel.: 00800/72373333 (gebührenfrei in D, A, CH)
Fax: 00800/50120544 (gebührenfrei in D, A, CH)

E-Mail: leserservice@graefe-und-unzer.de

Entdecken Sie kulinarische Genussmomente auf www.messerspitzen.de

Hallwag

GRÄFE UND UNZER

Ein Unternehmen der
GANSKE VERLAGSGRUPPE